Donatella Arcangeli

ADHS

PRAXISNAHER Leitfaden für Lehrkräfte

Für die Begleitung von Kindern von 6 bis 11 an Grundschulen

Illustrationen CARCIOFO CONTENTO

ATHESIA VERLAG

INHALT

AUTONOME PROVINZ BOZEN SÜDTIROL
PROVINCIA AUTONOMA DI BOLZANO ALTO ADIGE
Deutsche Kultur

Die Drucklegung dieses Buches wurde ermöglicht durch
die Südtiroler Landesregierung / Abteilung Deutsche Kultur

Um weitere Informationen und Zusatzmaterial von der Verlagshomepage herunterzuladen, folgen Sie den Anweisungen auf S. 124.

Donatella Arcangeli

Ärztin, Kinder- und Jugendneuropsychiaterin. In ihrer klinischen Tätigkeit und in der Ausbildung von Sozial- und Gesundheitspersonal sowie Lehrpersonal konzentriert sie sich hauptsächlich auf die psychische Entwicklung von Kindern, insbesondere auf Kinder mit ADHS.
Sie ist langjährige Referentin bei Fortbildungen für das gesamte Lehr- und Schulpersonal der Autonomen Provinz Bozen – Südtirol und vermittelt den Lehrkräften die nötigen Vorgangsweisen für den Umgang mit Schüler*innen mit besonderen pädagogischen Bedürfnissen oder Beeinträchtigungen.
Ihre Homepage: **www.donatella-arcangeli.it**

Vorwort

Liebe Lehrkräfte,

seit 20 Jahren kümmere ich mich um die psychische Gesundheit der Menschen im Entwicklungsalter: Ich bin eine Kinder- und Jugendneuropsychiaterin.

Meine erste Aufgabe als Ärztin ist es, eine Diagnose zu erstellen. Dabei soll ich ermitteln, warum ein Kind Schwierigkeiten in seiner Entwicklung hat.

Ich war stets davon überzeugt, dass der erste therapeutische Schritt die Diagnose ist: Nur mit diesem Wissen können wir heilen.

Lediglich wenn wir verstehen, warum sich ein Kind in einer bestimmten Weise verhält, können wir gezielte therapeutische Maßnahmen (rehabilitativ, psychotherapeutisch, pädagogisch-didaktisch oder auch psychopharmakologisch) ergreifen, um ihm zu helfen.

Seit 2008 bin ich in der Lehrerfortbildung tätig, d. h. in der Einzel- und Gruppenfortbildung von Lehrkräften an italienischen, deutschen und ladinischen Schulen in der Provinz Bozen. Diese wertvolle Erfahrung hat mich in der Überzeugung bestärkt, dass nur eine »multimodale« Behandlung der schwersten Entwicklungsstörungen (z.B. Autismus-Spektrum-Störungen oder ADHS) den sonderpädagogischen Förderbedarf dieser Schüler*innen wirksam decken kann.[1]

Die Fortbildung stellt eine indirekte therapeutische Maßnahme für betroffene Schüler*innen dar. Ziel ist es, dass die Lehrpersonen Kenntnisse über die kognitiven Funktionen von Kindern mit einer Störung (Entwicklungs-, Verhaltens- oder psychiatrische Störung) erwerben, damit sie spezifische und somit wirksamere Erziehungs- und Unterrichtstechniken anwenden und gemeinsam mit den an der Betreuung des Kindes beteiligten Ärzt*innen und dem Pflegepersonal eine einheitliche Sprache entwickeln können.

[1] Vertiefende Informationen und häufig gestellte Fragen, die während der Fortbildungen für Lehrpersonal in Südtirol gestellt wurden, finden Sie online (Zugangscode auf S. 124).

Jedoch ist eine Ausbildung für Lehrkräfte ohne Kontinuität im Unterricht an der Schule nutzlos: Sehr oft musste ich für denselben Schüler dieselben Basiskonzepte, die etwa durch einen Wechsel einer Lehrperson verloren gegangen waren, von Grund auf wiederholen.

Aus diesem Grund ist die Idee zu diesem Büchlein geboren: ein schneller, gebrauchsfertiger Leitfaden für Grundschullehrer*innen, die Schüler*innen mit ADHS betreuen. Er soll ihnen helfen, mehr über die Störung zu erfahren und einfache, aber wirksame Strategien anzuwenden, um mit der Störung umzugehen und sie bestmöglich zu bewältigen.

Einführung

ADHS (*Attention Deficit Hyperactivity Disorder*) bezeichnet eine Aufmerksamkeitsdefizit-/Hyperaktivitätsstörung, typisch für Kinder mit Schwierigkeiten, ihre Aufmerksamkeit aufrechtzuerhalten und Impulsivität und Bewegung zu kontrollieren.

Zunächst sollte uns klar sein, dass das Kind mit ADHS spezielle Erziehungsmaßnahmen benötigt. Man muss viel Geduld mit ihm haben, ihm aber auch viel Entschlossenheit und vor allem Autorität zeigen. Es sind zerbrechliche Kinder, auch wenn wir sie anfangs oftmals nur als ungehobelte, überhebliche und faule Kinder wahrnehmen. Deshalb muss das Kind »verstanden« werden, bevor es »begleitet« werden kann.

Je mehr Sie über seine kognitive Denkweise wissen, desto besser werden Sie ein ADHS-Kind verstehen. Je eher Sie verstehen, warum ein Kind so ist und warum es sich so verhält, desto leichter werden Sie wirklich mit ihm in Kontakt treten können und es dazu bringen, Sie zu respektieren. Damit werden Sie in der Lage sein, ein Kind mit ADHS mit weniger Anstrengung zu erziehen, es im Leben zu »führen« und seine größten Potenziale zu »entwickeln«.

Versuchen Sie, sich Ihren Schüler mit ADHS als ein Kind mit einem zusätzlichen Gang vorzustellen, dessen Batterien nie leer werden. Es ist ein Kind mit viel Energie, das sich leicht langweilt, immer aktiv ist, ständig von neuen Erfahrungen angezogen wird und sich nicht beherrschen kann, wenn es eine aufregende Neuheit gibt, aber auch, wenn es mit einer langweiligen Tätigkeit konfrontiert wird. Warum ist es schwierig, ein Kind mit ADHS in der Schule zu betreuen? Da es sich um ein Kind handelt, das sich oftmals unpassend verhält, liegt der erste Gedanke nahe, dass seine Verhaltens- und Lernschwierigkeiten auf das Kind oder seine Familie zurückzuführen sind.

Wenn ein Schüler sich nicht an die Regeln hält, gehen wir davon aus, dass das Kind zu Hause machen kann, was es will. Kommt es ohne Schulmaterial und ohne Hausaufgaben zum Unterricht, vermuten wir, dass sich zu Hause niemand um es kümmert.

In Wirklichkeit kann hinter einem Kind mit ADHS eine mehr oder weniger problematische familiäre Situation stehen, so wie bei jedem anderen Kind, das irgendwelche Schwierigkeiten hat.

ADHS

ADHS ist eine angeborene neurologische Entwicklungsstörung mit einer multifaktoriellen Ätiologie (genetisch, neurobiochemisch, anatomisch, umweltbedingt), die bis zum zwölften Lebensjahr auftritt und von der Jungen häufiger betroffen sind als Mädchen (aus diesem Grund haben wir uns entschieden, in diesem Buch, allgemein von männlichen Schülern mit ADHS zu sprechen). Die Inzidenz liegt bei etwa drei bis vier Fällen pro 100 Kinder.

Das kognitive Niveau ist wie in der Allgemeinbevölkerung unterschiedlich, aber Kinder mit ADHS haben ein höheres Risiko, Lernstörungen, Verhaltensstörungen (oppositionelles Trotzverhalten, ODD) oder Stimmungs- und Angststörungen zu entwickeln: die sogenannten »Komorbiditäten«, welche das Krankheitsbild verschärfen.

ADHS hat genaue Merkmale, die erkannt werden müssen und die innerhalb der Störung mehr oder weniger stark ausgeprägt sein können[2]:

- HYPERAKTIVITÄT: Hyperaktive Kinder sind ständig in Bewegung. Es fällt ihnen schwer, still zu sein und stillzusitzen. Sie sind sehr lebhaft und brauchen Aktivitäten (vor allem körperliche), die anregend, neu, lustig und aufregend sind.
  → Hyperaktivität führt zu Verhaltensauffälligkeiten.
  Das Problem ist nicht so sehr die Überaktivität an sich, sondern die oft übertriebene Lebendigkeit, welche das Kind unkontrollierbar macht.
- IMPULSIVITÄT: Impulsive Kinder sind störend, geladen wie kleine Vulkane, ungeduldig, abenteuerlustig, risikofreudig, übertrieben in ihren Aktionen und Reaktionen, manchmal sogar überheblich.
  → Impulsivität führt zu Problemen im sozialen Umfeld.
- UNAUFMERKSAMKEIT: Unaufmerksame Kinder sind oftmals in Gedanken versunken, zerstreut, unorganisiert, unordentlich und unentschlossen.
  → Unaufmerksamkeit führt zu Problemen bei den schulischen Leistungen.

[2] Hyperaktivität und Impulsivität werden als ein einziges Diagnosekriterium betrachtet, können aber im Rahmen dieses Leitfadens sinnvoll aufgeschlüsselt werden, um Problemverhalten besser zu erkennen.

Das gemeinsame Merkmal ist die Intoleranz gegenüber *Langeweile*. Typischerweise langweilt sich das Kind mit ADHS, wenn ihm eine Aktivität angeboten wird und eine der folgenden Situationen der Fall ist:

- Es weiß nicht, was es tun soll.
- Es ist nicht imstande, die Aktivität zu machen.
- Es möchte sie nicht machen.
- Es kann den Sinn dahinter nicht erkennen.
- Es weiß nicht, wie lange sie dauert.
- Es weiß nicht, warum es das tun soll.

Im Klassenzimmer ist es Ihre Aufgabe als Lehrer*in, diese Kinder mit Autorität und Liebe durch die Welt der Schule, des Lernens und des Zusammenlebens mit Gleichaltrigen zu führen.

Der Aufbau des Buches

Das Buch ist in 15 Kapitel gegliedert, die in die drei Makrobereiche *Hyperaktivität*, *Impulsivität* und *Unaufmerksamkeit* unterteilt sind. Darin werden die typischen Problemverhaltensweisen von Schülern mit ADHS behandelt.

Als problematisches Verhalten definiert sich ein Verhalten, das den Lehrer*innen Schwierigkeiten und Probleme im Umgang mit dem Kind in der Klasse und an der Schule bereitet.

In diesem Buch werden die typischen Merkmale von Kindern mit ADHS im Schulalter von sechs bis elf Jahren analysiert.

- Problemverhalten: HYPERAKTIVITÄT
    1. Es steht auf und wandert in der Klasse umher.
    2. Es legt sich unter die Schulbank.
    3. Es spielt mit Gegenständen auf der Schulbank.
    4. Es schwätzt und stört den Unterricht.
    5. Es ist chaotisch und laut beim Spielen.
- Problemverhalten: IMPULSIVITÄT
    6. Es wartet nicht, bis es an der Reihe ist.
    7. Es unterbricht und ist aufdringlich.
    8. Es macht immer wieder dieselben Fehler.

9. Es erkennt keine Gefahren.
10. Es ist ungeduldig.

- Problemverhalten: UNAUFMERKSAMKEIT

11. Es notiert sich die Hausaufgaben nicht.
12. Es bringt die Arbeiten nicht zu Ende.
13. Es hat den Kopf in den Wolken.
14. Es hat Schwierigkeiten, sich zu organisieren.
15. Es verliert und vergisst Sachen.

Der Grund für jedes Problemverhalten wird zunächst in wenigen prägnanten Sätzen erklärt (*Warum verhält sich das Kind so?*), gefolgt von einfachen und klaren Anweisungen für die Lehrperson, was zu tun und zu lassen ist (*To do* und *Not to do*).

Es folgt eine eingehende Analyse (*Analyse des Problemverhaltens*), und es werden Instrumente und Strategien aufgezeigt, wie in vielen entscheidenden Punkten agiert werden kann. Dazu gehören ...

- *die an das Kind gerichteten Verhaltensregeln;*
- *die Strukturierung der Aktivitäten und des Unterrichts in der Klasse;*
- *die Überwachung problematischer Verhaltensweisen;*
- *die Stärkung des richtigen Verhaltens;*
- *der Erziehungspakt mit der Familie.*

Am Ende jedes Kapitels erhalten Sie *Expertentipps*, eine kurze Zusammenfassung mit praktischen Vorschlägen, die sofort umgesetzt werden können. Im Anhang des Buches befinden sich Arbeitsblätter als Beispiele und zur Anwendung im Alltag.

Die Regeln

Üblicherweise, insbesondere wenn ein Kind ohne ADHS-Diagnose in die Grundschule kommt, geben die Lehrpersonen dem Schüler Zeit, die Verhaltensregeln zu verstehen, und problematisches Verhalten wird in den ersten drei Monaten toleriert. Kann ein Kind dann immer noch nicht stillsitzen, scheint es offensichtlich Schwierigkeiten zu haben, was so bald wie möglich mit der Familie besprochen werden sollte.

Die Regeln des Sozialverhaltens, die in der Klasse und in der Schule einzuhalten sind, sollten allen Kindern vom ersten Schultag an in einer ruhigen, aber autoritären Art und Weise gut erklärt und wenn möglich visuell veranschaulicht werden. Durch regelmäßiges Wiederholen können sich eher alle an die Regeln erinnern.

Erklären Sie zunächst, welche Verhaltensweisen unangemessen sind und warum. Um sich klarer auszudrücken, machen Sie konkrete Beispiele, indem Sie fragen: Ist es eurer Meinung nach in Ordnung, während des Unterrichts aufzustehen? Was würde passieren, wenn das alle machen würden?

Vergessen Sie nicht: Es ist zwar wichtig, sozial unangemessenes Verhalten einzudämmen, aber noch wichtiger ist, sozial inakzeptables Verhalten zu unterbinden, um zu verhindern, dass es auf lange Sicht zum »Erkennungsmerkmal« des Kindes mit ADHS wird.

Das hyperaktive Kind zeigt problematisches Verhalten, ist aber KEIN Problemkind.

Die Regeln müssen von Ihnen festgelegt werden, denn Sie sind für die Klasse verantwortlich.

Regeln müssen einfach und verständlich sein, aber vor allem müssen sie Sinn machen. Definieren Sie sie genau und teilen Sie sie bewusst mit, sie dürfen nicht von oben herab verordnet werden. Stellen Sie sicher, dass die Regeln für alle klar sind.

Geben Sie die Regeln zu Beginn des Schuljahres an die Eltern weiter und bitten Sie diese, sie auch zu Hause zu übernehmen (um ein Kind mit ADHS besser zu betreuen, ist Teamarbeit mit der Familie nötig). Es gibt immer wieder Situationen, in denen dies schwierig ist, weil die Familie nicht kooperiert, aber versuchen Sie es trotzdem.

Um die Regeln durchzusetzen und als Führungskraft der Klasse respektiert zu werden, braucht es Autorität, daher:

- Vergewissern Sie sich, ob die Regeln leicht zu verstehen und zu befolgen sind.
- Seien Sie nicht kleinlich, sondern flexibel und unvoreingenommen.

Vor allem in der ersten und sicherlich bis zur dritten Klasse mögen Kinder das Paradoxe und merken sich Dinge besser, wenn man sie mit netten Beispielen oder einigen humorvollen Witzen zum Lachen oder Schmunzeln bringt.

Die Strukturierung

Für alle Kinder, aber insbesondere für Kinder mit ADHS, muss die Anleitung für jede Aufgabe oder Handlung immer präzise sein und folgende Fragen beantworten: Was mache ich jetzt, wo, wie lange, wie, mit wem?

Versuchen Sie zunächst, die Aufmerksamkeitsdauer zu analysieren. Sie schwankt wahrscheinlich zwischen fünf und 20 Minuten, vor allem in den ersten drei Schuljahren. Der Unterricht in der Klasse muss daher so organisiert werden, dass die Aufmerksamkeitsspanne berücksichtigt wird und ein Wechsel von »Arbeit – Pause – Arbeit – Pause – Arbeit – Pause« eingehalten wird. Schlagen Sie auch in Ihrer Unterrichtseinheit vor, dass sich Arbeit (Lesen, Schreiben, Zuhören, Zeichnen, Singen, Springen, Laufen ...) und Pausen abwechseln.

Für Kinder mit ADHS sind Pausen gerade wegen ihrer kurzen Aufmerksamkeitsspanne von entscheidender Bedeutung. Sie müssen die Pausen von Beginn an einplanen: Es ist nicht ratsam, dem Kind eine Pause zu gewähren, bloß weil es müde erscheint oder wenn es die Belastungsgrenze überschreitet. Dabei riskieren Sie, dass der Schüler ein unkontrollierbares Verhalten an den Tag legt, nur um nicht zu arbeiten.

Hilfreich ist es, alle unstrukturierten Aktivitäten (z.B. in der Freizeit) zu strukturieren. Je mehr Zeit und Raum unstrukturiert sind, desto größer ist die Gefahr, dass die Kinder ihren Sinn für das Wesentliche verlieren.

Wie man Pausen organisiert

Die Zeit zwischen zwei Unterrichtseinheiten ist eine kurze Pause, in der sich das Kind entspannen und auch ausruhen kann. Abhängig von seinem Charakter (mehr oder weniger lebhaft, mehr oder weniger rebellisch) und seinem Alter kann die Dauer und die Art der Pause variieren. Ich empfehle Pausen von nicht mehr als 10 Minuten und in dieser Länge nur für Kinder, die mehr Bewegung benötigen.

Wenn Sie die Möglichkeit haben, richten Sie eine Entspannungsecke im oder vor dem Klassenzimmer ein (auch vor der Tür). Legen Sie zum Beispiel Sitzkissen hin, damit sich Kinder 5 Minuten ausruhen können. Kontrollieren Sie den Ablauf der Zeit mit einer Stoppuhr oder einer Sanduhr und denken Sie an die soziale Ermutigung am Ende der Pause, wenn das Kind die Arbeit wieder aufnimmt.

Die Arbeitseinheiten

Die Arbeitseinheiten müssen immer an die Fähigkeiten des Kindes angepasst sein. Schlagen Sie keine Aufgaben vor, die außerhalb seiner Möglichkeiten liegen.

Wenn Sie neue oder schwierige Themen bearbeiten müssen, lassen Sie es wissen, dass es zunächst eine Trainingseinheit geben wird. Das Training ist anspruchsvoller und erfordert mehr Einsatz, den sie selbst bestimmen können.

Beispiel:

- Trainingseinheit: 2 grüne Punkte[3]
- Arbeitseinheiten: 1 grüner Punkt
- Pausen: soziale Ermutigung (»Bravo!« »Weiter so!«)

Frage: Ist es sinnvoll, eine Trainings- oder Arbeitseinheit für eine geplante Pause zu unterbrechen, wenn das Kind gut arbeitet?

In solchen Fällen empfiehlt es sich, sobald die Stoppuhr klingelt oder die Sanduhr abgelaufen ist, die jeweilige Tätigkeit zu beenden und zu sagen: »Super, das machst du toll! Sollen wir anhalten und eine Pause einlegen oder starten wir die Zeit neu? Sollen wir versuchen, uns einen zusätzlichen grünen Punkt zu verdienen?«

Denken Sie daran, dass Zwangsmaßnahmen bei Kindern mit ADHS nicht funktionieren, sondern im Gegenteil Wut und Widerstand auslösen und das provokative Verhalten verstärken.

Die Überwachung

Beobachten Sie, wie oft ein problematisches Verhalten, bei dem Sie beschlossen haben zu intervenieren, in der Unterrichtsstunde oder am Schultag auftritt, und verwenden Sie die Bewertungstabelle im Anhang (und in den Online-Quellen). Bewerten Sie jede Handlung (wie in den einzelnen Kapiteln beschrieben) qualitativ nach Farben und vergeben Sie einen *farbigen Punkt*:

[3] Über die Vergabe der Punkte und die Ermutigung erfahren Sie mehr ab S. 14.

schwarzer Punkt	sehr schlecht
roter Punkt	schlecht
gelber Punkt	ausreichend
grüner Punkt	gut
blauer Punkt*	sehr gut

* Der blaue Punkt ist ein Zusatzpunkt, der als zusätzlicher Bewertungspunkt für schwerwiegenderes Problemverhalten verwendet wird, wie in den einzelnen Kapiteln beschrieben.

Sobald Sie das problematische Verhalten mindestens eine Woche lang beobachtet haben (je länger Sie beobachten, desto glaubwürdiger sind Sie, wenn Sie mit den Eltern darüber sprechen), beginnen Sie mit der Ermutigungstechnik, indem Sie die im nächsten Abschnitt beschriebenen Erziehungsstrategien oder andere maßgeschneiderte Strategien, die Ihnen wirksam erscheinen, anwenden.

Bedenken Sie: Alles, was Sie tun, um das Problemverhalten in den Griff zu bekommen, ist in Ordnung (außer natürlich, das Kind schlecht zu behandeln!). Tritt dasselbe Verhalten wie in der Schule auch zu Hause auf, ist eine Zusammenarbeit mit der Familie wahrscheinlicher.

Nachdem Sie dasselbe Problemverhalten dreimal beobachtet haben (z.B. »Es legt sich unter die Schulbank«), rufen Sie das Kind beim vierten Mal zur Seite und versuchen, mit ihm zu sprechen. Sagen Sie ihm zum Beispiel sanft: »Mir ist aufgefallen, dass du dich im Unterricht manchmal auf den Boden legst. Vielleicht bist du müde oder gelangweilt? Weißt du, dass die Kinder im Unterricht auf ihren Plätzen sitzen sollen? Ist das zu anstrengend für dich?«

Beobachten und notieren Sie, wann sich der Schüler hinlegt, wie lange, bei welchen Lehrpersonen und in welchen Fächern. Eine strukturierte und detaillierte Analyse des Problems wird Ihnen helfen, besser zu verstehen, was die Krise auslöst.

Wichtig: Je eher Sie die »Trigger«, d. h. die Faktoren, die das Problemverhalten auslösen, erkennen können, desto eher werden Sie in der Lage sein, dieses zu verhindern, weil Sie es vorhersehen können.

Die Ermutigung

Achten Sie darauf, negatives Verhalten nicht zu verstärken.

Erster Tipp: Je unangemessener, emotionaler und impulsiver Sie auf ein problematisches Verhalten reagieren, desto eher laufen Sie Gefahr, das Verhalten »negativ« zu verstärken, weil Sie ihm zu viel Gewicht gegeben haben.

- *Schimpfen Sie nie:* Schimpfen ist nutzlos, im Gegenteil, es verschlechtert die Beziehung zum Kind und die Glaubwürdigkeit als Erzieher. Anstelle von Vorwürfen sollten Sie Autorität zeigen.
- *Verteilen Sie niemals Strafen:* Bestrafungen werden vom Kind immer als ungerecht empfunden. Anstelle von Strafen sollten Sie Belohnungen einsetzen oder, wenn eine stärkere Botschaft erforderlich ist, den Verlust von Privilegien.

Nachstehend ein Auszug aus dem Ministerialrundschreiben des italienischen Bildungsministeriums, Punkt 12:

> Vermeiden Sie Bestrafungen durch: Erhöhung der Hausaufgaben, Verringerung der Pausen- und Spielzeiten, Abschaffung der motorischen Aktivitäten, Verweigerung von Gemeinschaftsaufgaben in der Schule, Ausschluss von der Teilnahme an Ausflügen.[4]

Wenn das Kind ein inakzeptables Problemverhalten an den Tag legt, geben Sie ihm ein *Time-out*. Lassen Sie den Schüler mindestens 5–10 Minuten in Ruhe und Stille nachdenken. Wenn die Zeit abgelaufen ist (gemessen mit einer Stopp- oder Sanduhr), präsentieren Sie sich nicht wütend, sondern sprechen Sie mit ruhiger Stimme über das Geschehene. Um Kindern mit ADHS zu helfen, sich selbst zu kontrollieren, ist positive Ermutigung am nützlichsten.

Kinder mit ADHS »funktionieren« nach dem Prinzip des *do ut des* (*lat.* »ich gebe, damit du gibst«). Sie haben also die Einstellung »Ich tue, was du von mir verlangst (wenn es doof/langweilig/schwierig ist) nur dann, wenn es sich lohnt und ich dafür etwas zurückbekomme oder

[4] *Anleitung und pädagogische Maßnahmen für Schüler mit ADHS* (MDR Nr. 6013 vom 4. Dezember 2009, MDR Nr. 4089 vom 15. Juni 2010).

gewinne«. Denken Sie daran, dass sie sehr gerne gewinnen, nicht nur einen Wettbewerb, sondern auch einen Preis.

Bereiten Sie also Belohnungen vor: Sie sollten variieren und nicht materiell, sondern sozial sein, z.B. einer Lehrperson helfen, einen BONUS-Besuch im Computerraum, das Mannschaftsspiel im Sportunterricht wählen dürfen.

Preise erhält der Schüler (genau wie im Supermarkt!), indem er die Punkte auf einer Punktesammelkarte (siehe Anhang) sammelt und den Punkt dann grün anmalt, wenn er sich gut benimmt. Sie können die Sammelpunkte je nach Häufigkeit und Schweregrad des Verhaltens am Ende der Stunde, des Tages oder der Woche vergeben. Erstellen Sie einen Preiskatalog mit dem entsprechenden Wert in grünen Punkten.

Der Erziehungspakt

Die Teamarbeit mit der Familie des Kindes ist Ihr stärkstes Arbeitsinstrument. Um gut mit Eltern zusammenzuarbeiten, muss man glaubwürdig und erfahren sein. Informieren Sie sich gut über die Störung, versuchen Sie, das Kind, mit dem Sie es zu tun haben, zu verstehen, und arbeiten Sie methodisch, konsequent und kontinuierlich.

Füllen Sie die Beobachtungstabelle der 15 problematischen Verhaltensweisen (im Anhang) einen Monat lang einmal pro Woche aus und verwenden Sie dabei immer die farbigen Punkte. Sollten Sie feststellen, dass das Kind viele rote und schwarze Punkte hat, sprechen Sie die Eltern an und erklären Sie, dass Sie ihre Hilfe brauchen.

Versuchen Sie zu verstehen, ob das problematische Verhalten des Kindes auch in der Familie erkennbar ist, ob es zu Hause häufig Streit darüber oder Auseinandersetzungen mit Geschwistern gibt (füllen Sie den Informationsbogen im Anhang gemeinsam aus, falls dies nicht schon zu Beginn des Schuljahres geschehen ist). Prüfen Sie, ob die Familie bereit ist mitzuarbeiten, und erklären Sie die Regeln, die Sie in der Klasse beschlossen haben. Erläutern Sie den Eltern auch, wie die Überwachungstabelle funktioniert. Es ist wichtig, dass die Familie auf der Seite der Lehrpersonen steht, damit das Kind zu Hause die gleiche Unterstützung und Hilfe wie in der Schule erhält.

Vereinbaren Sie, dieselbe erzieherische Botschaft an das Kind weiterzugeben. Um der »Superheld« zu werden, der es sein möchte, ist es notwendig, die Haupttugenden zu entwickeln und zu trainieren: Mäßigung, Klugheit, Gerechtigkeit und Tapferkeit. Erklären Sie diese mit praktischen Beispielen.

Planen Sie ein monatliches Gespräch mit den Eltern, aber teilen Sie die Überwachungstabelle wöchentlich mit ihnen. Arbeiten Sie so lange gemeinsam an einem problematischen Verhalten, bis die roten und schwarzen Punkte mindestens vier Wochen hintereinander verschwunden sind.

Geben Sie keine Disziplinarstrafen, denn sie sind nutzlos: Das Kind wird alles tun, um sie vor den Eltern zu verstecken. Nutzen Sie diese nur bei sozial inakzeptablem Verhalten durch eine sofortige Vorladung der Eltern.

Halten Sie stattdessen den Kommunikationskanal mit der Familie über den Erziehungspakt offen, den Sie gemeinsam geschlossen haben.

Seien Sie den Eltern gegenüber nicht voreingenommen, sondern suchen Sie den Dialog und die Zusammenarbeit. Oft werden Sie mit Menschen konfrontiert, die mit dem Verhalten ihres Kindes überfordert sind.

Hier die Aussage einer Mutter:

> Alles beginnt mit einem kleinen Kind, das rennt, springt, überall hinaufklettert und niemals still steht. »Je mehr er sich bewegt, desto mehr Energie tankt er auf«, sagst du scherzhaft zu deinen Freunden, die sich bemühen, ihm zu folgen.
>
> Die Jahre vergehen, und man stellt fest, dass die Hyperaktivität immer schlimmer wird, sie macht keine Pause. Es ist anstrengend und nervenaufreibend … Und dann der Kindergarten mit all seinen Problemen, die jeden Morgen größer und schwerer werden, bis hin zur Peinlichkeit. Du möchtest verschwinden, dich verstecken … Am demütigsten ist die Hitze, die dir von wütenden Eltern entgegengebracht wird, weil sie dich für jeden Wetterumschwung verantwortlich machen, vom Regenguss bis zum Tornado. Das ist nicht länger tragbar, wir müssen uns ändern, die Dinge in die Hand nehmen und die Vorhänge öffnen.
>
> Wir starten neu in einer anderen Gruppe, in ein neues Abenteuer. Aber die Probleme tauchen auch dort wieder auf und die Eltern sind wütender als zuvor, sie reden nicht, sie töten dich mit ihren Blicken und ihrer kalten Haltung.
>
> Plötzlich kommt dein Kind dann in die Schule, deine größte Sorge bewahrheitet sich. Du hast so sehr gehofft, dass dieser Tag nie kommen würde, und doch hast du Hoffnung: Die Zeit vergeht, heilt, lindert. Du machst dir vor, dass er vielleicht älter geworden ist, gerade

das bisschen, das den Unterschied ausmacht. Aber das ist nicht so. Die Tage vergehen schnell und die Probleme kehren zurück, und mit ihnen die Eltern, der schlimmste Albtraum. Du fühlst dich schlecht, unzulänglich, und fragst dich, wo, wie und wann du etwas falsch gemacht hast. Was du falsch gemacht hast, warum du ihn nicht erziehen kannst, was mit dir und ihm los ist. Du beginnst zu googeln: »lebhafte, intelligente, hyperaktive Kinder«. Du suchst nach pädagogischen Informationen und plötzlich steht es da: ADHS! So nennt man diese Störung ...

Ich bedaure, dass diese Kinder im Schatten einer Gesellschaft leben, die nicht bereit ist, sie anzunehmen. Es bräuchte mehr Informationen, mehr Aufklärung, mehr Eltern, die sich entschließen, das Leben und die Lebensumstände dieser Kinder selbst in die Hand zu nehmen. Es bräuchte eine Vereinigung, die sie überall willkommen heißt, es bräuchte mehr Empathie ...

Expertentipps

Kinder mit ADHS können sehr anstrengend sein, jedoch oftmals (glauben Sie mir!) sind es Kinder, die, wenn sie sich verstanden fühlen, viel geben und auch didaktisch sehr dankbar sind.

Sie lernen schnell, aber nur, wenn die Themen nicht zu konventionell, langweilig oder zu langsam angegangen werden.

Sie sind Kinder mit »Antennen«: Sie nehmen viele Dinge wahr und sind auch besonders sensibel.

Es stimmt, dass sie »viel« sind: so lebhaft, so impulsiv, so laut, so unvorsichtig, so unordentlich, aber auch umgänglich, sympathisch, fröhlich, optimistisch, enthusiastisch.

Demütigen Sie sie nicht, versuchen Sie sie zu verstehen, ohne ihr Handeln zu rechtfertigen. Nur so können Sie ihnen zu einem guten Wachstum verhelfen.

Anhang

Im Anhang des Buches befinden sich einige nützliche Arbeitsblätter für die Lehrperson:

- *Informationsbogen* über den Schüler;
- *Beobachtungstabelle* der 15 problematischen Verhaltensweisen;

- vierwöchige *Überwachungstabelle;*
- *der Vertrag* mit dem Schüler;
- *Punktesammelkarte* für Belohnungen (Preise).

Diese Blätter können auch online heruntergeladen und ausgedruckt werden (Zugangscode auf S. 124).

Informationsbogen

Dieses Arbeitsinstrument ist unverzichtbar für die Teamarbeit mit den Eltern. Der Zeitpunkt für das Ausfüllen des Fragebogens ist unterschiedlich, je nachdem, ob das Kind bereits als ADHS-Kind eingestuft ist oder nicht.

Für Kinder mit Attest empfehle ich – wenn möglich vor Beginn des Schuljahres –, beide Eltern zu einem Informationsgespräch einzuladen, um anhand der Fragen auf dem Vordruck alle relevanten Informationen zu sammeln. In diesem Fall kann der Informationsbogen Bestandteil der Schülerakte werden, immer unter Beachtung der Datenschutzgesetze, oder er kann lediglich als Vorlage für das Gespräch mit den Eltern dienen.

Erklären Sie, dass Sie Leistungs- und/oder Verhaltensschwierigkeiten so weit wie möglich vermeiden wollen. Dafür benötigen Sie die Hilfe der Eltern und die Informationen über das Kind, um die Situation besser einschätzen zu können.

Gibt es hingegen kein Attest über den Zustand des Schülers, laden Sie die Eltern nach einem Monat der Beobachtung im Unterricht zu einem Informationsgespräch ein.

Beobachtungstabelle

Mit der Beobachtungstabelle können Sie das Auftreten und die Intensität der 15 genannten problematischen Verhaltensweisen wöchentlich dokumentieren.

Ich empfehle, die Tabelle einen Monat lang auszufüllen, mit wöchentlicher Auswertung. Diese Tabelle kann als Arbeitsinstrument für den Klassenrat, aber auch für die einzelne Lehrperson verwendet werden. Ich möchte darauf hinweisen, dass nicht alle Lehrkräfte problematisches Verhalten in der Klasse sofort bemerken und dass die Probleme oftmals in verschiedenen Fächern unterschiedlich stark auftreten.

Die Bewertung in dieser Tabelle ist nur *qualitativ*. Sie dient dazu festzustellen, ob das Problemverhalten existiert und wenn ja, wie intensiv es ist. Die Einstufung erfolgt immer mit farbigen Punkten und beantwortet die Frage »Wie geht es dem Kind mit diesem Problemverhalten?«.

Färben Sie die Punkte entsprechend folgender Einstufung:

- SCHWARZER PUNKT: sehr schlecht (sehr intensives und sehr häufiges Problemverhalten)
- ROTER PUNKT: schlecht (intensives und häufiges Problemverhalten)
- GELBER PUNKT: in Ordnung (Problemverhalten vorhanden, aber nicht intensiv)
- GRÜNER PUNKT: gut (Verhaltensproblem nicht vorhanden)

Überwachungstabelle

Diese Tabelle ist das wichtigste Arbeitsinstrument, welches Ihnen ermöglicht, die Wirksamkeit Ihrer pädagogischen und didaktischen Interventionen über einen Zeitraum von vier Wochen zu evaluieren – und in der Folge auch die Wirksamkeit der Zusammenarbeit mit der Familie. Sie kommt nach der ausgefüllten Beobachtungstabelle zum Einsatz, wobei man an der Verbesserung von maximal drei Problemverhaltensweisen gleichzeitig arbeiten kann. Die Tabelle sollte täglich am Ende des Schultages oder zu jeder Unterrichtsstunde ausgefüllt werden (Sie können sie zu jedem Stundenwechsel an Ihre Lehrerkolleg*innen weitergeben).

Sie wählen die drei intensivsten und häufigsten Problemverhaltensweisen auf der Grundlage der zuvor erstellten Beobachtungstabelle aus (bei Gleichwertigkeit wählen Sie die drei Verhaltensweisen aus, die eine stärkere Überwachung erfordern). Die Anwendung dieser Tabelle hat doppelten Zweck: Sie überwachen die Situation und der Schüler sammelt grüne Punkte für das Prämienspiel.

Sie können dem Kind auch zusätzliche grüne Punkte geben, z.B. um es für eine Unterrichtseinheit zu belohnen oder um es zu ermutigen, weil es besonders brav war. Bevor Sie mit der Anwendung beginnen, müssen Sie den Erziehungspakt mit den Eltern und den Vertrag mit dem Kind abschließen (siehe nächster Abschnitt).

Hinweis: Wenn die Zusammenarbeit mit den Eltern nicht möglich ist (wegen mangelnder Mitarbeit, Abwesenheit der Eltern oder deren Uneinigkeit), machen Sie den Vertrag einfach mit dem Kind.

Die Bewertung anhand dieser Tabelle ist sowohl *quantitativ* (wie häufig das Problemverhalten auftritt) als auch *qualitativ* (wie intensiv es ist).

Auch in diesem Fall wird das Erfassungssystem mit Punkten durchgeführt und beantwortet die Frage »Wie geht es dem Kind mit diesem Problemverhalten?«. Die Punkte sind dieselben wie in der Bewertungstabelle zur Beobachtung, es gibt jedoch einen zusätzlichen, blauen Punkt:

- SCHWARZER PUNKT: sehr schlecht
- ROTER PUNKT: schlecht
- GELBER PUNKT: in Ordnung
- GRÜNER PUNKT: gut
- BLAUER PUNKT: sehr gut (zusätzlicher Joker-Punkt)

Die Tabelle sollte wöchentlich der Familie gezeigt werden. Die Eltern könnten dasselbe System (Überwachungstabelle + Belohnungen) verwenden, um inhaltlich an derselben Art von Problemverhalten zu arbeiten, welches das Kind zu Hause zeigt.

Ein Verhalten sollte so lange beobachtet werden, bis die roten und schwarzen Punkte mindestens vier Wochen hintereinander verschwunden sind. Tolerieren Sie die gelben, aber keine roten und schwarzen Punkte für mindestens vier Wochen, bevor Sie zur Behandlung des nächsten Problemverhaltens übergehen.

Der Vertrag

Die Ausarbeitung des »Vertrags« ist ein sehr wichtiger Moment für Sie und Ihren Schüler mit ADHS. Denken Sie daran, dass Sie liebevoll und bestimmend sein müssen und das Teamwork nicht einfach beenden können.

Es ist legitim, wütend zu sein, wenn es sich danebenbenimmt, aber behalten Sie im Hinterkopf, dass das Kind NICHT ein Problem IST, sondern ein Problem HAT, bei dem Sie ihm zusammen mit seinen Eltern helfen müssen. Sagen Sie ihm, Sie hätten festgestellt, dass es sich oft selbst nicht kontrollieren kann und sich sozial unangemessen oder gar inakzeptabel verhält – geben Sie ihm konkrete Beispiele. Deshalb hättet ihr Lehrkräfte beschlossen, dass ihr ihm helfen werdet, auch mit Preisen, die es zu verdienen oder, besser gesagt, zu »gewinnen« gilt (dieses Wort ist effektiver!). Die Einbeziehung des Schulleiters in die Ausarbeitung des Vertrags könnte diesem pädagogischen Instrument einen größeren Wert verleihen. Es wäre ratsam, dass das Kind den Vertrag offiziell vor dem Schulleiter unterzeichnet, dem »Chef«, der die Schulregeln für die gesamte Schule festlegt.

Fügen Sie hinzu, dass der Vertrag von den Lehrer*innen (von allen oder nur vom Koordinator und einem Zeugen), dem Kind und auch von den Eltern unterzeichnet wird, die ein regelmäßiges monatliches Gespräch (von Monat zu Monat zu vereinbaren) führen werden, um das Verhalten während des Schuljahres zu überprüfen.

Punktesammelkarte für Belohnungen (Preise)

Hier beginnt der Spaß! Bedenken Sie, dass Kinder mit ADHS es lieben zu gewinnen, belohnt und gelobt zu werden, während sie es hassen zu verlieren und geschimpft zu werden. Auf der Punktesammelkarte werden nur die grünen Punkte »gesammelt« (indem man sie mit dem Farbstift einfärbt).

Aber Vorsicht, bei jedem:

- SCHWARZEN PUNKT verliert man einen grünen Punkt (wird gelöscht);
- BLAUEN PUNKT verdient man zwei grüne Punkte.

Grüne Punkte sind eine sofortige Ermutigung (bekommt man am Ende der Stunde oder am Ende des Schultages), um eine Belohnung zu erhalten (zeitversetzte Ermutigung). Damit diese Vorgehensweise wirkt, muss der Preis so schnell wie möglich vergeben werden. Deshalb bekommt der Schüler den ersten Preis mit nur fünf Punkten, wodurch er ihn nach nur zwei Tagen »gewinnen« kann.

Die Belohnungen sind soziale Aktivitäten, d. h. soziale Belohnungen oder Aufgaben mit Verantwortung. Einige Vorschläge sind im Anhang zu finden.

Hinweis: Die Eltern können entscheiden, ob sie das Kind für positive Ergebnisse in der Schule zu Hause zusätzlich belohnen.

Und nun ... viel Spaß beim Lesen und gute Arbeit!

Hyperaktivität

KAPITEL 1

Es STEHT AUF und WANDERT in der Klasse umher

WARUM VERHÄLT SICH DAS KIND SO?

Weil es ihm schwerfällt, sich zu beherrschen und den Drang aufzustehen und sich zu bewegen zu unterdrücken.

Weil es das Bedürfnis hat, immer etwas tun, immer aktiv sein, immer in Bewegung sein zu müssen.

Weil es sich bewegt, wenn es das Bedürfnis danach verspürt und nicht versteht, warum es stillstehen MUSS.

TO DO

- ✓ Schaffen Sie eine **Entspannungsecke**.
- ✓ Führen Sie regelmäßige **Ruhepausen** ein.
- ✓ Wenn es aufsteht, aber NICHT stört, **ignorieren** Sie es.
- ✓ Weisen Sie ihm **kleine Aufgaben** zu, bei denen es sich bewegen kann (Übergabe von Material an Mitschüler*innen, Gang zum Sekretariat usw.)
- ✓ Erlauben Sie ihm, das Klassenzimmer **einmal pro Stunde** zu verlassen.
- ✓ Seien Sie **geduldig!**

NOT TO DO

- ✗ Erwarten Sie **NICHT**, dass es stillsitzt.
- ✗ Geben Sie ihm **KEINE** Eintragungen.
- ✗ Lassen Sie es **NICHT** die Pause verpassen.
- ✗ Schimpfen Sie **NICHT** mit ihm.
- ✗ Erheben Sie **NICHT** Ihre Stimme.
- ✗ Verbieten Sie ihm **NICHT**, einmal pro Stunde hinauszugehen.

Analyse des Problemverhaltens

Wenn das Bedürfnis, sich zu bewegen, zwingend, ja fast unausweichlich wird, dann steht das Kind auf und beginnt seine »ständige Bewegung«.

Für Kinder mit ADHS ist es schwierig, diesen Impuls zu kontrollieren und zu steuern. Denken Sie daran, dass es sich weder um eine Provokation noch um Unhöflichkeit, noch Ungehorsam handelt, sondern um ein körperliches Bedürfnis. Es ist ein Drang, den diese Kinder, anders als andere Kinder, empfinden und den sie nicht unterdrücken können.

Hyperaktiv zu sein bedeutet, viele Dinge – oft zu viele – gleichzeitig zu tun und eben »hyper« aktiv zu sein.

Es ist sinnlos, vom Schüler zu erwarten, dass er sich während des Unterrichts selbst kontrolliert, denn Selbstkontrolle ist keine angeborene Fähigkeit dieses Kindes. Es muss daher geduldig und konsequent auf das Tempo und den Rhythmus der Unterrichtsarbeit geschult werden. ADHS-Kinder stehen niemals still. Sie haben keine »soziale Intuition«, d. h. sie verstehen nicht instinktiv, wie sie sich im Moment verhalten sollen. Die Tatsache, dass momentan alle sitzen, reicht nicht aus, um diese Kinder davon zu überzeugen, auf ihren Plätzen zu bleiben. Für sie sind diejenigen, die nicht ständig aufstehen, »seltsam«!

Das Sitzen langweilt sie, weil es für sie sinnlos erscheint: »Ich kann im Stehen zuhören, ich kann im Stehen und mit einem Knie auf dem Stuhl schreiben, ich kann auf dem Tisch hocken ... wo ist das Problem?« In der Regel tritt dieses problematische Verhalten im ersten Jahr der Grundschule auf und hält, in abgeschwächter Form, bis zur dritten Klasse an. Bei Schülern mit schwerer ADHS kann das Verhalten jedoch auch in den Folgejahren bestehen bleiben.

Definieren wir zunächst das Problemverhalten. Einfach zu sagen, »der Schüler sitzt nicht still«, ist vielleicht zu allgemein. Folgende Situationen können im Klassenzimmer vorkommen: Der Schüler ...

- steht oft auf;
- steht auf und bittet um Erlaubnis, hinausgehen zu dürfen;
- wandert herum;
- geht ohne Erlaubnis hinaus.

Wie eingreifen

Erstellen Sie für das Kind folgende ...

Regeln

- Ich darf von meinem Stuhl aufstehen, aber wenn ich aufstehe, muss ich leise sein und darf nicht stören.
- Ich darf das Klassenzimmer nur mit Erlaubnis der Lehrerin verlassen.
- Ich darf einmal pro Stunde hinausgehen.
- Das erste Mal darf ich eine halbe Stunde nach Beginn des Unterrichts hinausgehen.
- Ich darf nur fünf Minuten draußen bleiben.

Hinweis: Toilettenpausen können einmal pro Stunde gewährt werden, es sei denn, das Kind fühlt sich unwohl.

Achtung: Diese Regeln sollten von allen Lehrkräften angewandt werden, da Sie für das Kind ansonsten an Glaubwürdigkeit verlieren.

TEAMWORK ist der Schlüssel!

Die Strukturierung

- Organisieren Sie den Unterricht nach dem Prinzip »Arbeit – Pause – Arbeit – Pause – Arbeit – Pause«. Jede Unterrichtseinheit sollte 30 bis 60 Minuten dauern (einschließlich Pausen).
- Informieren Sie das Kind über die Dauer und den Schwierigkeitsgrad der Lerneinheit, bevor diese beginnt.
- Verwenden Sie sensorisches Material, um die Aufmerksamkeit aufrechtzuerhalten.
- Planen Sie Arbeitspausen. Es ist nicht ratsam, dem Kind eine Pause zu gönnen, wenn es müde wirkt oder wenn es unkontrollierbar wird. Sie riskieren, dass es nur »unkontrollierbar« wird, um nicht mitarbeiten zu müssen. (Hinweis: Der Schüler sollte nicht derjenige sein, der um eine Pause bittet; Sie sollten verstehen, wann er aufstehen und regelmäßige Pausen machen muss.)
- Gestalten Sie eine Entspannungsecke mit Kissen und/oder weichen Teppichen (Kapitel 2).
- Messen Sie den Ablauf der Zeit mit einer Stoppuhr oder einer Sanduhr.

Die Bewertungstabelle zur Überwachung

SCHWARZER PUNKT	wenn es öfter als 5-mal in der Unterrichtsstunde aufsteht und umherwandert
ROTER PUNKT	wenn es in der Unterrichtsstunde aufsteht und umherwandert und dabei mindestens 3-mal ermahnt wird
GELBER PUNKT	wenn es in der Unterrichtsstunde aufsteht und Mühe hat, sich ohne Aufforderung wieder hinzusetzen
GRÜNER PUNKT	wenn es in der Unterrichtsstunde kurz aufsteht und sich wieder hinsetzt, ohne aufgefordert zu werden

Die Ermutigung

Denken Sie an die soziale positive Ermutigung am Ende der Pause, wenn das Kind wieder zu arbeiten beginnt, sowie am Ende jeder Unterrichtsstunde.

Nach fünf grünen Punkten kann das Kind als Erstes in die Schulmensa oder auf den Schulhof gehen, 10 Minuten in der Entspannungsecke verbringen oder ein Bewegungsspiel für die Sportstunde wählen.

Keine Verweise, Disziplinarmaßnahmen, Strafen: Diese würden die oppositionellen Komponenten nur noch verstärken.

Der Erziehungspakt

Wenn Sie mit den Eltern darüber sprechen, was Sie im Unterricht beobachtet haben, werden sie Ihnen vielleicht sagen, dass es dem Kind auch zu Hause schwerfällt stillzusitzen – am Tisch oder beim Fernsehen – und dass es nie stillsitzen konnte, auch im Kindergarten nicht.

Machen Sie ihnen klar, wie sinnvoll es ist, mit dem Kind in Situationen, in denen dies notwendig ist, an seiner Selbstkontrolle des motorischen Drangs zu arbeiten (am Tisch, im Wartesaal, im Zug, im Bus, im

Klassenzimmer oder in der Kirchenbank). Und schlagen Sie ihnen auch für zu Hause die Technik der positiven Ermutigung und des Punktesammelns mit interessanten und motivierenden Belohnungen vor.

Expertentipps

Auch wenn Sie durch die motorische Unruhe des Kindes – die sich oft nicht auf das Klassenzimmer beschränkt, sondern auch in der Schulmensa, in den Pausen usw. zeigt – auf die Probe gestellt werden, versuchen Sie nicht, »die Zusammenarbeit aufzugeben«, sondern verstärken Sie Ihre Autorität, ohne zu schreien und zu schimpfen.

- Zwingen Sie es nicht, sitzen zu bleiben: Es wird Sie hassen.
- Bringen Sie es NIEMALS dazu, Sie zu hassen.
- Bevor Sie liebevoll sind, seien Sie bestimmend, aber niemals autoritär.
- Erteilen Sie keine sinnlosen Verbote (z.B. das Verbot aufzustehen). Lehren und erklären Sie ihm sozial angemessenes, unangemessenes und inakzeptables Verhalten.
- Mitteilungen an die Eltern, die das Kind überbringen soll, sind in diesem Fall nicht von Nutzen. Es wird alles tun, um sie vor den Eltern versteckt zu halten, wodurch Sie es negativ bestärkt haben.

KAPITEL 2

Es LEGT SICH unter die Schulbank

WARUM VERHÄLT SICH DAS KIND SO?

Da es das Bedürfnis verspürt, Körperkontakt mit der Erde zu haben, fühlt es sich auf dem Fußboden wohler.

Weil es sich langweilt, nicht mehr zuhören oder schreiben will oder weil es müde ist.

Weil der Drang »stärker ist als das Kind«, und es macht es nicht mit Absicht: Das ist sein »spezielles Bedürfnis«.

TO DO

- ✓ Greifen Sie **entschlossen** und liebevoll ein, wenn es nicht nur auf dem Boden liegt, sondern auch seine Mitschüler*innen stört.
- ✓ Wenn es sich hinlegt, **ignorieren Sie es** für **5–10 Minuten** und fordern es dann auf, auf seinen Platz zurückzukehren.
- ✓ Schlagen Sie ihm vor, in die **Entspannungsecke** zu gehen.
- ✓ Weisen Sie ihm einen **Eckplatz in der Nähe** des Lehrerpultes zu.

NOT TO DO

- ✗ **NICHT** wütend werden: Wichtig ist, dass es nicht stört.
- ✗ Interpretieren Sie sein Verhalten **NICHT** als Provokation.
- ✗ Schenken Sie ihm **NICHT** zu viel Aufmerksamkeit.
- ✗ Zwingen Sie es **NICHT**, vom Boden aufzustehen.

Analyse des Problemverhaltens

Wenn man zwei- bis dreijährige Kinder in ihrem Tagesablauf beobachtet, kann man feststellen, dass unabhängig von der Art der Erziehung, die sie erhalten, nur wenige von ihnen wirklich gerne auf dem Boden liegen (auf jedem Boden, egal ob sauber oder schmutzig).

Bei »sehr lebhaften« Kindern hingegen ist die Tendenz, sich auf den Boden zu legen, instinktiv und fast angeboren, so als ob sie einen Drang hätten, dies zu tun. Ihnen scheint der Spürsinn für die Wahrnehmung von Unbehagen zu fehlen. Es überwiegt das physisch-körperliche Bedürfnis, mit dem Boden in Kontakt zu sein. Vielleicht dominiert einfach der Wunsch, die Welt »mit der Nase nach oben« zu betrachten, oder sie brauchen lediglich eine Pause, um sich auszuruhen oder abzulenken.

Vor dem neunten Lebensjahr legen sich Kinder mit ADHS im Schulunterricht häufig auf den Boden, vor allem in der ersten und zweiten Klasse.

Es ist sicherlich »sozial unangemessen«, wenn sich ein Kind überall auf den Boden legt. Ist es in den ersten Monaten der ersten Klasse noch akzeptabel, wenn auch unpassend, so ist es im dritten Jahr völlig »unangebracht« und in den darauffolgenden Jahren inakzeptabel.

In der Regel wird diesen Kindern bis zum Ende der zweiten Klasse Zeit gegeben, die soziale Kompetenz »in der Klasse sitze ich« zu entwickeln. Die Verhaltens-Selbstkontrolle »ich lege mich im Unterricht nicht auf den Boden« muss bis zum achten Lebensjahr erlernt werden. Das »Auf-dem-Stuhl-sitzen-Bleiben« kann so verstanden werden wie das Lernen von Lesen und Schreiben. Die Kinder haben unterschiedliche Lerngeschwindigkeiten, aber am Ende der zweiten Klasse sollten es alle gelernt haben, außer in besonderen Fällen.

Aber was macht das Kind auf dem Boden?

Es könnte sich ausruhen, unter die Tische krabbeln, seine Klassenkamerad*innen necken, ihnen die Schnürsenkel lösen … Kurz gesagt, es könnte stören, und wenn es das realisiert, könnte es beginnen zu provozieren.

Viele Kinder mit ADHS legen sich nicht nur aus Vergnügen auf den Boden, sondern auch, weil sie sich langweilen und nicht tatenlos stillsitzen können!

Wie eingreifen

Erstellen Sie für das Kind folgende ...

Regeln

- Ich darf mich auf den Boden legen, wenn ich müde bin oder mich langweile, aber ich darf andere NICHT stören (ich darf nicht im Klassenzimmer herumkrabbeln, ich darf meine Mitschüler*innen nicht kitzeln oder kneifen, ich darf ihnen nicht die Schnürsenkel lösen, ich darf nicht mit den Rucksäcken oder Schultaschen der anderen spielen).
- Wenn ich mich hinlegen möchte, kann ich in die Entspannungsecke gehen und mich dort eine Weile ausruhen, ohne die anderen zu stören.

Die Strukturierung

- Trennen Sie die Schulbänke und weisen Sie dem Kind einen Eckplatz, am besten in der Nähe des Lehrerpultes, zu.
- Richten Sie die Entspannungsecke ein, mit der Regel, dass sich die Kinder nach maximal 10 Minuten abwechseln (verwenden Sie farbige Sanduhren, um die Zeit zu messen).
- Man kann sich maximal einmal pro Unterrichtsstunde in die Entspannungsecke oder auf den Boden legen.
- Wenn die Entspannungsecke eingerichtet wird, wollen sie vermutlich alle Kinder sofort nutzen. In diesem Fall müssen Sie Reihenfolgen einplanen, recht bald werden nur noch wenige danach fragen, sie benutzen zu dürfen.
- Wenn das Kind mit ADHS besonders unruhig ist, kann es länger in der Entspannungsecke bleiben.

Hinweis: Sobald Sie die »Trigger« kennen, können Sie den Unterricht individueller gestalten.

Die Bewertungstabelle zur Überwachung

SCHWARZER PUNKT	wenn es sich unter den Tisch legt und spielt oder dauernd seine Mitschüler*innen ärgert
ROTER PUNKT	wenn es sich auf den Boden legt und beginnt, wie ein Soldat herumzukriechen
GELBER PUNKT	wenn es sich unter dem Tisch versteckt
GRÜNER PUNKT	wenn es während der ganzen Unterrichtsstunde ruhig auf seinem Platz sitzen bleibt

Die Ermutigung

Autorität und Herzlichkeit sind immer Ihre wertvollsten Verbündeten: Erinnern Sie das betroffene Kind vor Beginn der Stunde an die Regeln und sagen Sie, wie viel das richtige Verhalten als Preis »wert« ist. »Wenn du dich NICHT auf den Boden legst, bis wir fertig sind, hast du gewonnen …«

Denken Sie jedoch daran, dass das Problemverhalten angeboren und impulsiv ist (das Kind hat das Bedürfnis, sich hinzulegen) und eine sofortige Ermutigung nötig ist. Zeitverschobene Ermutigungen wie der wöchentliche Preis sind hier zu schwach.

Der Erziehungspakt

Natürlich ist es wichtig zu verstehen, ob das »Auf-dem-Boden-Liegen« auch in anderen Lebenssituationen ein Verhalten des Kindes ist und, wenn ja, wie lange es anhält.

Es ist daher ratsam, mit den Eltern einen Erziehungspakt zu vereinbaren, der darauf abzielt, dem Kind zu helfen, sein Bedürfnis nach Ruhe, Entspannung und Ablenkung zu »steuern«. Zu diesem Zweck kann es sinnvoll sein, auch zu Hause einen »besonderen Rückzugsort« für das Kind zu schaffen, an dem es sich entspannen kann.

Hinweis: Es ist wichtig, gemeinsam mit der Familie herauszufinden, ob sich das Kind auch auf der Straße hinlegt. Das Risiko, dass es das auch auf Klassenfahrten macht, muss vermieden werden.

Vergessen Sie nie, dass ein sechs bis acht Jahre altes Kind noch nicht in der Lage ist, seine »besonderen Bedürfnisse« in Worten auszudrücken!

Expertentipps

- Sehen Sie das Liegen des Kindes auf dem Boden nicht als Provokation. Und seien Sie vorsichtig: Es kann zu einer solchen werden, sobald das Kind merkt, dass es für Sie unangenehm ist.
- Verzweifeln Sie nicht: Kein Kind über acht, neun Jahre legt sich auf den Boden.
- Verweisen Sie nichts im Merkheft oder Schulregister.
- Schenken Sie ihm nicht zu viel Aufmerksamkeit, wenn es sich hinlegt. Warten Sie 5–10 Minuten und bieten Sie ihm dann Ihre Hand an, um es hochzuziehen (Überlebenstechnik: Ignorieren Sie seine Provokation!).

KAPITEL 3

Es SPIELT MIT GEGENSTÄNDEN auf der Schulbank

WARUM VERHÄLT SICH DAS KIND SO?

Weil es sich langweilt und sich leicht ablenken lässt.

Weil es viel Material auf der Schulbank hat und aufmerksamer sein kann, wenn es an etwas herumhantiert.

Weil es ihm schwerfällt, »untätig« zu sein. Es scheint durch einen internen Motor angetrieben, der sich selbst steuert.

TO DO

- ✓ Überprüfen Sie, ob es für jede Aktivität nur das notwendige Material bereitliegen hat.
- ✓ Bringen Sie ihm bei, **das Federmäppchen zu schließen**, wenn es mit der Aufgabe fertig ist.
- ✓ Überprüfen Sie am Ende der Übung noch einmal gemeinsam die verwendeten Materialien.
- ✓ Achten Sie darauf, dass die Schulbank immer **aufgeräumt** (oder zumindest ein »geordnetes Durcheinander« herrscht) und **sauber** ist. Das gilt für auf als auch unter dem Tisch.

NOT TO DO

- ✗ Schimpfen Sie **NICHT** mit dem Kind, wenn es leise spielt.
- ✗ **NICHT** vermerken, wenn es Schulmaterial verliert oder kaputt macht.
- ✗ Tolerieren sie **KEINE** chaotische Schulbank.
- ✗ Tolerieren sie **KEINE** chaotische Schultasche.
- ✗ Verlangen Sie **KEINE** »absolute« Ordnung.

Analyse des Problemverhaltens

Das Kind mit ADHS kann den Impuls, eine Handlung auszuführen, nicht unterdrücken, selbst wenn diese unangemessen ist. Während es an der Schulbank sitzt und »nur« zuhört, gibt es oftmals dem Impuls nach, an etwas herumzuspielen.

Seine Schulbank ist oft unverwechselbar: ausgesprochen unordentlich, voll von Unmengen an Gegenständen und manchmal geradezu chaotisch. Das gilt auch für seine Schultasche: Es ist sehr wahrscheinlich, dass sich darin zerknüllte Blätter inmitten von Spielzeug und Brotkrümeln befinden, die aufgrund der schlecht verschlossenen und falsch platzierten Wasserflasche vielleicht durchtränkt und aufgeweicht sind …

Normalerweise ist das Kind mit ADHS auch im Sitzen ständig in Bewegung. Es lässt Gegenstände fallen, hebt sie auf, lässt sie wieder fallen, zeichnet, kritzelt, nimmt Farben und Stifte aus dem Federmäppchen, spitzt Bleistifte, schneidet aus, klebt usw. Kurz gesagt, es ist mit Gegenständen auf der Schulbank »beschäftigt«.

Sein Verhältnis zum Schulmaterial ist oft problematisch. Es geht nicht sorgfältig damit um, verliert oft Material, macht es kaputt oder vergisst es. Je mehr Material es zu organisieren hat, desto chaotischer sind seine Schulbank und seine Schultasche.

In jedem Fall ist es eine unrealistische Erwartung vonseiten der Lehrpersonen und Eltern, dass ein sechsjähriges Kind ein »dreistöckiges«, überquellendes, buntes Federmäppchen perfekt ordnen kann.

Wie eingreifen

Erstellen Sie für das Kind folgende …

Regeln

Verwendung von Schulmaterial:

- Für jede Tätigkeit bereite ich auf der Schulbank nur das Material vor, das ich für die Übung brauche.
- Ich halte das Material auf der Schulbank in Ordnung.
- Ich achte darauf, dass das Material nicht verloren geht.
- Ich halte die Schulbank sauber.
- Ich kontrolliere, ob die Schultasche ordentlich ist.

Die Strukturierung

- Bringen Sie allen Kindern vom ersten Schultag an bei, dass das Lehrmaterial für ihre »Aufgabe, neue Dinge zu lernen« wertvoll ist und mit Sorgfalt behandelt werden muss.
- Erklären Sie, dass Bleistifte, Farben, Kugelschreiber und Filzstifte für sie das sind, was für einen Handwerker Schraubenzieher, Bohrer, Schrauben und Bolzen sind oder für einen Koch Öl, Salz, Töpfe und Küchenutensilien: unverzichtbare Werkzeuge für die Arbeit.
- Helfen Sie dem Kind mit ADHS zu Beginn jeder Unterrichtsstunde, das Material für die kurz darauf durchzuführende Tätigkeit auf der Schulbank vorzubereiten und nicht benötigtes Material wegzuräumen.
- Sagen Sie ihm am Ende der Unterrichtsstunde, dass es überprüfen soll, ob es das gesamte Material hat, dass es sich zurückholen soll, was es verliehen hat, und aufheben, was es fallen gelassen hat.
- Strukturieren Sie die Bereiche, in denen das Schulmaterial aufbewahrt wird, in funktioneller Weise (Verwendung von Behältern und Gefäßen unterschiedlicher Größe oder Farbe, Beschriftung usw.), und achten Sie ständig auf deren Ordnung.
- Kontrollieren Sie stets auch, was sich unter der Schulbank des Kindes mit ADHS befindet.
- Wenn es es noch nicht gelernt hat, bringen Sie ihm bei, wie man die Schultasche richtig packt.

Die Bewertungstabelle zur Überwachung

Verwendung von Schulmaterial:

SCHWARZER PUNKT	wenn es eigenes Schulmaterial oder jenes der Mitschüler*innen zerstört
ROTER PUNKT	wenn es Schulmaterial verliert
GELBER PUNKT	wenn es Schulmaterial vergisst
GRÜNER PUNKT	wenn es das Schulmaterial korrekt verwendet

Ordnung auf der Schulbank:

SCHWARZER PUNKT	wenn die Schulbank schmutzig und sehr unordentlich ist
ROTER PUNKT	wenn die Schulbank unordentlich ist
GELBER PUNKT	wenn es herumspielt und das Arbeitsmaterial auf dem Tisch in Unordnung bringt
GRÜNER PUNKT	wenn auf und unter der Schulbank einigermaßen Ordnung herrscht

Die Ermutigung

Das richtige Benehmen in der Schulbank sollte häufig vermittelt werden. Wenn Sie die Phase der »chaotischen und schmutzigen Schulbank« hinter sich haben, denken Sie daran, die Kinder zu loben, wenn sie ihre Schulbank in Ordnung haben. Gehen sie gut mit ihrem Arbeitsmaterial und dem der Mitschüler um, ist es wichtig, sie zu loben und jede andere Nachlässigkeit zu übersehen.

Vermitteln Sie Freundlichkeit, schenken Sie ein Lächeln und positives Feedback (Toll! Gut gemacht! Weiter so!), wenn sie gute Arbeit leisten.

Der Erziehungspakt

Fragen Sie die Eltern, wie sie die Handhabung von Schulmaterial zu Hause erleben. Wundern Sie sich nicht, wenn Sie Müttern begegnen, die »am Rande eines Nervenzusammenbruchs« stehen, wenn sie über den x-ten verlorenen Radiergummi oder Kleber, stumpfe Buntstifte oder ausgelaufene Marker sprechen ...

Helfen Sie ihnen, die Handhabung des Materials bei den Hausaufgaben zu vereinfachen, indem Sie ihnen vorschlagen, nur das Nötigste auf dem Schreibtisch liegen zu lassen. Bitten Sie die Eltern, die Schultasche häufig zu kontrollieren, aber immer zusammen mit dem Kind und ohne zu schimpfen.

Expertentipps

Auch wenn es schwierig ist, einem Kind mit ADHS beizubringen, das Schulmaterial zu kontrollieren, gibt es einige nützliche Tipps.

- Schimpfen Sie nicht mit ihm, wenn es herumhantiert. Wichtig ist, dass es dabei leise ist.
- Vermerken Sie nichts im Register, sondern schreiben Sie der Familie, Sie hätten festgestellt, dass das Kind Schwierigkeiten hat, mit dem Arbeitsmaterial umzugehen. Sie würden versuchen, dem Kind in den nächsten vier Wochen zu helfen, und bitten Sie um Unterstützung auch zu Hause. Schlagen Sie eine Nachbesprechung dieses Vorgehens nach einem Monat vor.
- Werfen Sie es nicht den Eltern vor, wenn Radiergummi, Kleber oder Bleistifte fehlen. Glauben Sie mir: Eltern sind oft selbst »Opfer« ihrer chaotischen Kinder!

KAPITEL 4

Es SCHWÄTZT und STÖRT den Unterricht

WARUM VERHÄLT SICH DAS KIND SO?

Weil es hyperverbal und »hyper-sozial« ist, liebt es ein ADHS-Kind zu reden und mit anderen zu kommunizieren und merkt nicht, dass es »übertreiben« und exzessiv wird.

Weil es sympathisch sein will und gerne von der Gruppe beachtet wird, wobei es auch durch manchmal übertriebene oder unpassende Argumente auffällt.

Weil es sich leicht ablenken lässt und sich langweilt.

TO DO

- ✓ Behalten Sie es immer **im Auge**.
- ✓ Suchen Sie **Blickkontakt**, und erinnern Sie es mit einem Augenzwinkern daran, still zu sein.
- ✓ Nutzen Sie Gesten: die **Geste des Schweigens**.
- ✓ Legen Sie geplante **Pausen** ein.
- ✓ Erinnern Sie es an die Metapher, dass **Mücken** lästig sind.

NOT TO DO

- ✗ Fordern Sie **NICHT** absolute Stille.
- ✗ Setzen Sie es **NICHT** in die Nähe von lebhaften Kindern.
- ✗ Setzen Sie es **NICHT** in die Nähe von sehr ruhigen Kindern.
- ✗ Setzen Sie es **NICHT** in die letzte Reihe.

Analyse des Problemverhaltens

Hyperaktive Kinder sind, wenn es sich um glückliche Kinder handelt, in der Regel sonnig und gesellig, also Plaudertaschen.

Hyperverbalität ist die Schwierigkeit, den Impuls zu reden zu unterdrücken. So wie sie nicht stillsitzen können, können sie auch nicht den Mund halten.

Sehr oft »albert« das Kind mit ADHS herum, weil es gerne unterhält und sich über eine aufgeheizte Stimmung und allgemeine Aufregung freut.

Stille ist für es langweilig, und Langeweile bedeutet schlechte Laune (und die ist sein schlimmster Feind!).

Glauben Sie mir: Es ist schwieriger, mit einem schlecht gelaunten ADHS-Kind umzugehen als mit einer Plaudertasche.

In der Regel spricht das Kind sehr schnell, fast wie eine »Maschine«, zudem laut und über Themen, die es interessieren.

Wenn es schnell spricht und sich Gehör verschaffen oder die Aufmerksamkeit der Gesprächspartner*innen auf sich ziehen will, kann es leicht die Kontrolle über den Tonfall verlieren und dabei beginnen zu schreien (was andere stört, auch wenn es sich dessen gar nicht bewusst ist).

Wichtig: Ein derart redseliges Kind ist kein unhöfliches Kind, es ist nur ein begeistertes Kind, das soziale Verhaltensregeln noch nicht gelernt hat.

Schwätzen ist in manchen Momenten und Situationen ein sozial unangemessenes Verhalten, aber keinesfalls inakzeptabel.

Wie eingreifen

Erstellen Sie für das Kind folgende …

Regeln

- Ich darf im Unterricht nicht reden, während wir arbeiten, während die Lehrerin spricht, während wir lesen oder schreiben.
- Ich muss mich daran erinnern, nicht wie Mücken zu sein, die die ganze Zeit »surren« und allen lästig sind.

Die Strukturierung

- Legen Sie eine gut durchdachte Sitzordnung fest. Ein hyperaktives Kind sollte nicht neben anderen lebhaften Kindern sitzen, aber auch nicht neben sehr ruhigen Kindern, da es diese leicht ablenken würde.
- Wechseln Sie häufig die Sitzplätze und wählen dabei immer Sie die Sitzgruppen (vielleicht können Sie gemeinsam mit den Kindern eine »Wunschliste« erstellen und festlegen, welche Voraussetzungen für das Sitzen neben einem Freund gelten).
- Beginnen Sie die erste Unterrichtsstunde am Morgen mit einem Entspannungsritual: 5 Minuten freies oder themenbezogenes Plaudern im Sitzen, um danach konzentriert mit der Schulaktivität zu starten.
- Definieren Sie einen Zeitrahmen für die Unterrichtsaktivitäten: Legen Sie beispielsweise fest, dass Sie 20–30 Minuten arbeiten und dann eine 5-minütige Plauderpause einlegen, wobei alle an ihrer Schulbank sitzen bleiben. Messen Sie die Zeit mit einer Sanduhr.

Hinweis: 20–30 Minuten intensiven Arbeitens sind mehr wert als 60 Minuten, die durch häufige Ermahnungen zur Ruhe unterbrochen werden.

Die Bewertungstabelle zur Überwachung

SCHWARZER PUNKT	wenn es trotz 3-maliger Ermahnung weiterschwätzt
ROTER PUNKT	wenn es schwätzt und dabei dauernd den Unterricht stört
GELBER PUNKT	wenn es die Banknachbar*innen stört
GRÜNER PUNKT	wenn es während des Unterrichts nicht schwätzt und die Banknachbar*innen nicht stört

Die Ermutigung

Die Ermutigung kann auch in Form von Plauderpausen erfolgen, die jedoch ein Thema haben sollten: »Wenn ihr heute gut arbeitet, werden wir in unserer Gesprächspause über ... sprechen.« Sie können vorgeben, dass die Schüler abwechselnd ein Thema zur Diskussion vorschlagen, oder eine Liste mit Themen von gemeinsamem Interesse erstellen, über die wöchentlich gesprochen werden soll.

Die Wichtigkeit, ruhig zu sein, wenn man etwas Neues lernt oder eine Aufgabe erledigt, sollte im Vordergrund stehen, auch um die Zeit aller zu respektieren.

Der Erziehungspakt

Wenn es darum geht, Hyperverbalität zu kontrollieren, können Eltern nur wenig tun: Sie können ihrem Kind sicher kein Pflaster auf den Mund kleben, um es am Sprechen zu hindern! Es ist tatsächlich unnatürlich, seine Kontaktfreude und Heiterkeit zu unterdrücken. In jedem Fall können die Eltern wertvolle Verbündete sein, indem sie die von Ihnen aufgestellten Regeln auch zu Hause anwenden und sie, entsprechend angepasst, auch im familiären Umfeld (z.B. am Esstisch) anwenden.

Expertentipps

Erwarten Sie niemals, dass Kinder mit ADHS vollkommen still werden: Sie würden das Unmögliche verlangen!

Sie sollten nicht glauben, dass man nur in Stille gut arbeiten kann. Stille, um sich zu konzentrieren, hilft den meisten Menschen, aber auf ein hyperaktives Kind hat sie oft den gegenteiligen Effekt.

Für es bedeutet Stille, wie oben erwähnt, Langeweile; Langeweile resultiert in innerer Unruhe und Unruhe verhindert Konzentration.

Wenn das Kind einen schwarzen Punkt bekommt, sollten Sie es nicht bestrafen, geben Sie ihm ein Time-out. Sagen Sie dann: »Geh in die Entspannungsecke und sei 10 Minuten lang still.«

KAPITEL 5

Es ist CHAOTISCH und LAUT beim Spielen

WARUM VERHÄLT SICH DAS KIND SO?

Weil es enthusiastisch ist und seine Energie und Lebensfreude allen um sich herum zeigen möchte.

Weil es die Stille nicht mag, während Chaos das Kind fasziniert und es fröhlich und unbeschwert sein lässt.

Weil es mehr Spaß daran hat, Krach zu machen, als schweigend stillzustehen.

TO DO

- ✓ Weisen Sie es darauf hin, dass Sie es mit einer **Pfeife »stoppen«** werden, wenn es übertreibt.
- ✓ **Vermeiden** und steuern Sie alle aufwühlenden Situationen.
- ✓ Geben Sie ihm das **Time-out**, wenn es zu laut ist.
- ✓ Handeln Sie nach dem **Motto** »Hab Spaß in der Schule, aber übertreib es nicht!«.

NOT TO DO

- ✗ Verlieren Sie **NIEMALS** die Beherrschung.
- ✗ **NICHT** schreien!
- ✗ Sprechen Sie **KEINE** Drohungen aus.
- ✗ Lassen Sie die Pausen **NICHT** ausfallen.
- ✗ Verbieten Sie **KEINE** Klassenfahrten oder Lehrausflüge.
- ✗ Planen Sie **KEINE** pädagogisch anspruchsvollen Aktivitäten unmittelbar nach dem Sportunterricht oder der Pause.

Analyse des Problemverhaltens

Kinder mit ADHS sind enthusiastisch, sie »fahren 200 Stundenkilometer«, halten nicht still, reden andauernd, sie wechseln von einer Aktivität zur nächsten, werfen sich auf den Boden und springen hin und her ... kurzum: Sie machen Lärm!

Sie sind sehr sympathisch, aber sie ÜBERTREIBEN es definitiv!

In der Schule sind sie laut und oft unorganisiert, in der Regel bei wenig strukturierten Abläufen (auf dem Schulhof, in der Pause, beim Stundenwechsel, in der Turnhalle, auf der Klassenfahrt oder beim Lehrausflug).

Wenn sie sich in großen Räumen aufhalten, verspüren sie sofort, den Drang zu rennen, zu klettern, zu schreien und zu springen. Das ist typisch für Hyperaktivität.

Die ungebremste motorische Aktivität führt zu Überreizung, wodurch sie oftmals unbeherrschbar und schwer kontrollierbar werden.

Je länger sie still, ruhig und konzentriert im Klassenzimmer sitzen, desto stärker wird ihr Bedürfnis, sich körperlich zu verausgaben, um aufgestaute Energie abzubauen. Kinder mit ADHS lieben es, Spaß zu haben, zu blödeln und zu lachen, das Leben zu genießen. Ein ADHS-Kind wird beim unbeaufsichtigten Spielen schnell auffallen. Je mehr ihm das Spiel Spaß macht, desto stärker regt es sich auf und wird frech. Handelt es sich hingegen um einen Wettkampf, kann es nicht verlieren und gerät lautstark in Rage.

Oftmals besitzt es gute bis sehr gute körperliche Fähigkeiten und ist ausdauernd, schnell – wenn auch oft unkoordiniert – und absolut nicht schüchtern oder ängstlich.

Beim Mannschaftsspiel bemüht es sich sehr, ist aber oft unorganisiert (respektiert z.B. seine Rolle nicht) und gefährdet so den Erfolg des Spiels und der Mannschaft. Leider überschattet dieses Verhalten das Verhältnis zu seinen Mitschüler*innen, den Trainer*innen oder Lehrpersonen, die manchmal die Geduld mit ihm verlieren. Wenn seine Mannschaft gewinnt, hat es Mühe, seine Begeisterung zu zügeln.

Vorsicht: So leicht wie sich diese Kinder aufregen, so schwer beruhigen sie sich wieder. Es ist wichtig, dies nicht zu vergessen, denn in den ersten 10–20 Minuten nach einem lebhaften und lustigen Spiel können sie sich nicht konzentrieren.

Wie eingreifen

Erstellen Sie für das Kind folgende ...

Regeln

Beim Stundenwechsel

- Ich renne nicht, ich springe nicht auf die Schulbänke, ich veranstalte kein Wettrennen, ich laufe keinen Mitschüler*innen hinterher, ich schreie nicht, ich singe nicht.

In der Turnhalle

- Ich klettere nicht, ich schreie nicht und ich laufe keinen Mitschüler*innen hinterher.

Auf dem Schulhof (keine allzu strengen Regeln)

- Ich darf rennen, spielen, mich messen und gewinnen oder verlieren.
- Ich darf mich und andere nicht verletzen, nicht streiten oder raufen.

Die Strukturierung

Beim Stundenwechsel

- Überprüfen Sie, ob die Kinder folgende Vereinbarung einhalten: »Nutzt diese 5 Minuten Freizeit, ohne es zu übertreiben!« (Trauen Sie den Kindern nicht zu schnell: Es ist besser, sie zu beobachten!)

In der Turnhalle

- Unterrichten Sie ihre Schüler*innen in vielen verschiedenen Sportarten (im Rahmen der Möglichkeiten und der verfügbaren Geräte), bieten Sie ihnen an zu laufen oder zeigen Sie andere anregende Aerobic-Übungen.
- Fördern Sie Mannschaftsspiele mit einer Portion Wettbewerb: Bringen Sie ihnen auch bei zu verlieren.

Im Schulhof

- Wenn es dem ADHS-Kind gelingt, sich an die oben genannten Regeln zu halten, lassen Sie es frei spielen, jedoch nicht ohne angemessene Aufsicht.
- Sollten Sie feststellen, dass es sich nicht an die Regeln halten kann, muss das freie Spielen eingeschränkt und ein organisiertes Spiel vorgeschlagen werden, immer im Schulhof.

Terminplanung für Prüfungen

- Versuchen Sie, Tests und Prüfungen nicht nach der Pause oder nach dem Sportunterricht einzuplanen.

Die Bewertungstabelle zur Überwachung

SCHWARZER PUNKT	wenn es rennt, schreit und die ganze Klasse daran hindert, den Unterricht fortzusetzen
ROTER PUNKT	wenn es laut ist, sich nach der ersten Ermahnung aber beruhigt
GELBER PUNKT	wenn es zu übertriebener Freude neigt, sich jedoch leicht selbst beruhigen kann
GRÜNER PUNKT	wenn es übertriebenes Verhalten vermeidet

Die Ermutigung

Auf der Punktesammelkarte für Belohnungen kann das Kind mit ADHS bereits nach den ersten fünf grünen Punkten eine besonders unterhaltsame Tätigkeit gewinnen.

Damit die Ermutigung wirkt, muss sie gleich und mehrmals ausgesprochen werden, da es für diese Kinder sehr schwierig ist, ihre Begeisterung selbst zu kontrollieren.

Der Erziehungspakt

Bei diesem Problemverhalten sollte es leicht sein, sich mit den Eltern zu verbünden, die in vielen Situationen mit dem übermäßigen Lärm ihrer Kinder Probleme haben (im Supermarkt, im Restaurant, bei Geburtstagsfeiern, auf dem Spielplatz, in Wartezimmern, am Strand oder auf dem Flughafen ...).

Ermitteln Sie gemeinsam maximal drei Situationen, in denen dieses Problemverhalten typischerweise auftritt, und schlagen Sie vor, die Belohnungsmethode anzuwenden.

Um die Motivation zu erhöhen, können Sie den Eltern vorschlagen, die Punkte zusammenzuzählen (die Punkte können doppelt gezählt werden: Das Kind gewinnt einen Preis in der Schule und einen zu Hause).

Expertentipps

ADHS-Kinder sind wirklich etwas Besonderes: Sie sind laut und übermütig, aber auch empfindlich für Geräusche, die sie als störend empfinden; sie sind genervt, wenn ihnen heiß ist (aber überhaupt nicht genervt, wenn sie schwitzen, weil sie rennen), ungeduldig, wenn sie ihre Sachen oder ihr Spielzeug nicht finden ...

Kurz gesagt: Sie sind oft sehr widersprüchlich – nehmen Sie sie einfach so an. Man muss ihnen nur helfen, sich zu entwickeln, sie respektieren und führen, immerzu.

Lassen Sie sich nicht von ihnen führen, bei der Geschwindigkeit landen Sie rasch im Straßengraben. Lassen Sie sich jedoch von ihrer Begeisterung, ihrer außergewöhnlichen Neugierde und Lebenslust anstecken.

Notizen

Impulsivität

KAPITEL 6

Es WARTET NICHT, bis es an der Reihe ist

WARUM VERHÄLT SICH DAS KIND SO?

Weil es nicht gerne wartet, und es macht für das ADHS-Kind keinen Sinn, eine Reihenfolge einzuhalten.

Weil es keine Hemmungen hat und ihm das soziale Gespür fehlt.

Weil es auffallen will, um die Aufmerksamkeit der Lehrperson zu gewinnen.

TO DO

- ✓ Bringen Sie ihm **schrittweise** bei, geduldig zu sein und zu warten, zunächst für kurze Wartezeiten und dann schrittweise länger.
- ✓ Legen Sie für eine Klassendiskussion die Reihenfolge der Sprecher*innen anhand einer Nummerierung fest.
- ✓ Gewöhnen Sie das Kind an die **Gruppenarbeit** mit seinen Mitschüler*innen.
- ✓ Behalten Sie es ständig im Auge.
- ✓ Sie bestimmen die Reihenfolge (beim Reden, beim Spielen, wer als Erstes in der Reihe gehen darf usw.)

NOT TO DO

- ✗ **NICHT** schimpfen!
- ✗ Betrachten Sie es **NICHT** als überheblich: Es braucht nur etwas Übung.
- ✗ Machen Sie **KEINE** Einträge im Merkheft oder Klassenregister.
- ✗ Erlauben Sie ihm **NICHT**, sich vorzudrängen.
- ✗ Erwähnen Sie sein negatives Verhalten **NICHT** vor den Mitschüler*innen.

Analyse des Problemverhaltens

Kinder mit ADHS sind pure Energie, sie haben »starke Motoren« und sind nicht zu bremsen. Warteschlangen, Wartezeiten und lange Verzögerungen verursachen einen Zustand innerer Unruhe und das Gefühl von sinnloser Zeitverschwendung.

In der Schule zeigt sich dieses Problemverhalten vor allem bei Ortswechseln, beispielsweise auf dem Weg zur Turnhalle, zum Computerraum oder zur Schulkantine; beim Anstehen, beim Start zum Lehrausflug, beim Einsteigen in den Bus; ebenso bei Gruppenspielen auf dem Schulhof und im Klassenzimmer. Bei diesen und ähnlichen Gelegenheiten sind Ordnung und Disziplin gefragt, zwei Begriffe, die nicht zum Grundwortschatz von Schülern mit ADHS gehören.

Bei Kindern mit Gewichtung zu hyperverbaler ADHS – nicht hyperaktiver ADHS – äußert sich das Problemverhalten darin, dass sie bei Klassendiskussionen Schwierigkeiten haben abzuwarten, bis sie an der Reihe sind und unsicher, wann sie die Hand heben sollen und warten müssen, um das Wort zu erhalten. In diesem Fall übernehmen sie oftmals das Gespräch mit ihrem Lieblingsthema, ohne die soziale Unangemessenheit dieses Vorgehens wahrzunehmen.

Vermeiden Sie Konkurrenzdenken: Impulsive Kinder ertragen es nicht zu verlieren, sie akzeptieren nicht einmal die Möglichkeit einer Niederlage, und das ist auch der Grund, warum sie sich bei Spielen oder Wettkämpfen nicht an eine Reihenfolge halten.

Wie eingreifen

Um diesem Problemverhalten entgegenzuwirken, müssen Sie für jede Situation, in der es nötig ist, eine Regel erstellen, d. h. jedes Mal, wenn das ADHS-Kind eine Reihenfolge einhalten muss. Bedenken Sie, dass diese Kinder wenig soziales Gespür haben und daher nicht in der Lage sind, Verhaltensregeln als allgemein gültig anzusehen. Wenn sie lernen, die Reihenfolge beim Treppensteigen einzuhalten, halten sie sich deshalb nicht automatisch an die Reihenfolge beim Spielen in der Turnhalle.

Für Lehrkräfte habe ich folgende

Ratschläge

- Erklären Sie dem Kind, warum es wichtig ist, Reihenfolgen einzuhalten, fragen Sie es, wie es sich fühlt, wenn sich andere vordrängen.
- Erzählen Sie »soziale Geschichten«, die ihm helfen, sich in die Lage anderer zu versetzen.
- Schlagen Sie Arbeiten in kleinen Gruppen vor, damit es lernt, mit anderen zusammenzuarbeiten.
- Bringen Sie ihm bei, sich gegenüber Altersgenossen korrekt auszudrücken: »Ich bin dran«, »Er ist dran«. Je mehr sich das Kind dessen bewusst ist, desto leichter fällt es ihm, sich zu beherrschen.
- Wenn Sie eine angespannte Situation vorhersehen, z.B. ein Mannschaftsspiel, nehmen Sie es zur Seite, versichern Sie sich, dass es nicht zu euphorisch ist und erinnern Sie es in aller Ruhe daran, dass Reihenfolgen eingehalten werden müssen.

Die Strukturierung

Auch hier muss die Vorgehensweise der jeweiligen Situation angepasst werden.

Sich einreihen

Wenn die Situation problematisch wird, bilden Sie die Paare der Zweierreihe, und entscheiden Sie, wer ganz vorne sein darf. Sie können die Reihenfolge und die Paare täglich oder wöchentlich wechseln. Entscheiden Sie demokratisch, damit jedes der Kinder einmal als Erstes in der Reihe stehen darf.

Achten Sie darauf, dass alle Lehrkräfte dieselbe Regel anwenden, dann wird es einfacher.

Handzeichen, um zu sprechen

Sie können eine*n »Sekretär*in« ernennen, welche*r notiert, wer sich als Erstes mit Handzeichen meldet, und damit die Reihenfolge der Sprecher festlegen. So muss beispielsweise ein Schüler, der bereits gesprochen hat, warten, bis diejenigen, die noch nicht vorgetragen haben, auch zu Wort gekommen sind.

Teamarbeit

Dies ist die Situation, in der Impulsivität grundsätzlich die offensichtlichsten Probleme mit Mitschüler*innen verursacht. Beobachten Sie die Klassengemeinschaft genau, und seien Sie als Schiedsrichter*in streng, aber fair.

Die Bewertungstabelle zur Überwachung

SCHWARZER PUNKT	wenn es andere schubst, um selbst schneller weiterzukommen, oder grob ist
ROTER PUNKT	wenn es andere beschimpft, weil es nicht als Erstes drankommt
GELBER PUNKT	wenn es während des Wartens ungeduldig ist
GRÜNER PUNKT	wenn es beim Warten und im Team geduldig ist

Die Ermutigung

Loben Sie das Kind, wenn es ihm gelingt, in einer aufregenden Situation nicht die Kontrolle zu verlieren. Belohnen Sie es, wenn es die Treppe hochläuft, ohne zu rennen, zu schubsen und sich zu zanken; wenn es beim Spiel den Ball abgibt und wenn es nicht wütend wird, obwohl es auf eine*n Mitschüler*in warten muss. Die Ermutigung ist wichtig, damit es versteht, dass dieses korrekte Sozialverhalten sehr geschätzt wird.

Der Erziehungspakt

Fragen Sie die Eltern, ob das betroffene Kind auch in der Familie Schwierigkeiten hat, Reihenfolgen einzuhalten, z.B. bei Gesellschaftsspielen, bei der Auswahl des Fernsehprogramms mit Geschwistern, in der Eisdiele, auf dem Spielplatz beim Anstehen an der Rutsche.

Oft werden diese Kinder selbst von ihren Geschwistern als überheblich wahrgenommen. Fragen Sie, ob es in der Familie durch den Bewegungsdrang häufig zu Streitigkeiten kommt, die schwer in den Griff zu bekommen sind.

Falls die Eltern mit Ihnen zusammenarbeiten möchten, ermitteln Sie gemeinsam die Situationen, in denen das Fehlverhalten auftritt, und unterstützen Sie das Kind (Sie in der Schule und die Eltern zu Hause) anhand von passenden »sozialen Geschichten«, um ihm zu helfen, sich der Situation bewusst zu werden und sich dadurch besser kontrollieren zu können.

Expertentipps

Konzentrieren Sie sich auf Ihre Gefühle, und seien Sie sich bewusst, dass es absolut in Ordnung ist, unglücklich über die Unbeherrschtheit des Kindes mit ADHS zu sein. Atmen Sie tief durch und erinnern Sie sich, dass es seine Natur ist. Sie müssen es respektieren, Sie selbst müssen jedoch auch respektiert werden.

KAPITEL 7

Es UNTERBRICHT und ist AUFDRINGLICH

WARUM VERHÄLT SICH DAS KIND SO?

Weil es von Natur aus enthusiastisch ist und sich leicht für Situationen begeistern kann, die es für interessant oder aufregend hält.

Weil es ungestüm ist, es ihm schwerfällt, sich zu zügeln und die Freiräume anderer zu respektieren.

Weil es einfach handelt, ohne nachzudenken.

TO DO

- ✓ Verwenden Sie die **STOP**-Geste, um es daran zu erinnern, dass man jemanden, der spricht oder sich konzentriert, nicht abrupt unterbrechen darf.
- ✓ **Loben** Sie es jedes Mal, wenn es ihm gelingt, in einer »spannenden« Situation nicht impulsiv zu reagieren.
- ✓ Üben Sie mit dem Kind anhand von **Rollenspielen**.
- ✓ Lehren Sie es, sich in die Lage anderer zu versetzen.
- ✓ Lehren Sie es, sich zu entschuldigen.

NOT TO DO

- ✗ Verlieren sie **NICHT** die Geduld.
- ✗ Geben Sie **NICHT** auf: Erziehen Sie das Kind weiter.
- ✗ Scheuen Sie sich **NICHT**, Ihre Kolleg*innen um Hilfe zu bitten.
- ✗ Akzeptieren Sie **KEIN** übertriebenes Verhalten.
- ✗ Schimpfen Sie es **NICHT** vor seinen Mitschülern.

Analyse des Problemverhaltens

Vor allem bis zum Alter von sieben bis neun Jahren sind Kinder mit ADHS pure AKTION – ohne nachzudenken, ohne Zurückhaltung, ohne Hemmungen.

Betrachtet man zudem ihre angeborene Veranlagung, sich in den Vordergrund zu drängen, und ihre mangelnde Toleranz für langsames Handeln, wird das Problemverhalten verständlicher. Impulsive Kinder unterbrechen andere gedankenlos, wenn sie etwas tun oder sagen wollen, das ihnen wichtig erscheint.

Manchmal unterbrechen sie ein Gespräch oder eine Handlung einfach, weil sie sich langweilen, sich über etwas ärgern oder ein körperliches Bedürfnis haben (Hunger, Durst, Harndrang).

Sie sind nicht unhöflich oder anmaßend (es sei denn, es gibt familiäre Probleme), sondern impulsiv. Wird das Problemverhalten allerdings nicht behandelt, besteht tatsächlich die Gefahr, dass sie unhöflich und überheblich werden (zumindest in den Augen derjenigen, die ADHS nicht kennen oder nicht verstehen).

Die schlechte Angewohnheit zu unterbrechen tritt nicht nur bei körperlichen Aktivitäten wie Mannschafts- und Brettspielen auf, sondern auch bei Gesprächen, sowohl zwischen Gleichaltrigen als auch zwischen Erwachsenen. Es kann sein, dass sie den Trainer unterbrechen, der die Regeln einer Sportart erklärt, die Religionslehrerin, den Musiklehrer usw.

Infolgedessen haben sie oft Schwierigkeiten, an außerschulischen Gruppen-, Freizeit- oder Sportaktivitäten teilnehmen zu dürfen.

Ihre Ungeduld und Unruhe sind oft unverhältnismäßig und sie respektieren die Privatsphäre anderer nicht.

Aber sie unterbrechen nicht nur andere, sondern oft auch die eigene Aktivität, indem sie beispielsweise von einem Spiel zum anderen wechseln, ohne das Erste zu Ende zu spielen.

Sie handeln und denken chaotisch. Es kommt häufig vor, dass sich ein Kind mit ADHS inmitten einer Tätigkeit langweilt und sie nicht zu Ende bringt oder dass es unzählige Ideen im Kopf hat, von denen es letztlich keine Einzige umsetzen kann.

Wie eingreifen

Erstellen Sie für das Kind folgende ...

Regeln

- Ich unterbreche andere nicht, sondern warte, bis sie zu Ende gesprochen haben, selbst wenn ich es eilig habe zu sprechen.
- Auch wenn ich mich langweile, unterbreche ich andere nicht, sondern warte, bis sie ihre Arbeit beendet haben.
- Wenn ich mit einer Übung fertig bin, unterbreche ich diejenigen nicht, die ihre Aufgabe noch zu Ende bringen müssen.

Die Strukturierung

Für dieses Problemverhalten ist es schwierig, eine einheitliche Lösung zu finden, da die Situationen, in denen es sich bemerkbar macht, unterschiedlich sind.

Um dem Kind zu signalisieren, dass es warten und nicht unterbrechen soll, empfiehlt es sich, STOP-Gesten zu vereinbaren (z.B. die Hand heben) oder bei sportlichen Aktivitäten einen Pfiff als Signal zum Pausieren zu verwenden.

Rollenspiele

Rollenspiele sind besonders zum Reduzieren sozial unangemessenen Verhaltens geeignet, da dabei die richtigen sozialen Verhaltensweisen antrainiert werden können. Dies stellt eine aktive Lernerfahrung dar, der Teil des täglichen Lebens des Kindes werden kann. Es ist ein Training, und als solches muss es konsequent durchgeführt werden, Tag für Tag.

Wir spielen, dass wir lernen, nicht zu unterbrechen!

Die Bewertungstabelle zur Überwachung

SCHWARZER PUNKT	wenn es trotz 3-maliger Ermahnung die Fortsetzung der Unterrichtsstunde oder des Spiels in der Turnhalle verhindert
ROTER PUNKT	wenn es bei der dritten Ermahnung aufhört
GELBER PUNKT	wenn es bei der zweiten Ermahnung aufhört
GRÜNER PUNKT	wenn es die Aktivität nicht stört

Die Ermutigung

Ermutigen Sie das Kind wann immer möglich sofort und beginnen Sie dann mit dem Sammeln von grünen Punkten.

Der Erziehungspakt

Es ist wichtig zu verstehen, ob Eltern und Geschwister sich über den Übermut des ADHS-Kindes ärgern oder ob sie ihn tolerieren.

Häufige »Unterbrechungssituationen« zu Hause sind, wenn das Kind ...

- unangebrachte Sätze dazwischenruft, während gemeinsam ein Film angesehen wird;
- bei Tisch diejenigen unterbricht, die sich unterhalten;
- seine Eltern bei Diskussionen unterbricht, weil es etwas tun will, das nur es selbst betrifft;
- ein Brettspiel vorzeitig beendet, weil es verliert;
- sich mit den Geschwistern über die Wahl des Fernsehprogramms streitet.

Achtung: Oftmals dulden Eltern zu Hause aus Liebe selbst das Unerträgliche, obwohl sie damit das Problemverhalten negativ verstärken.

Die Familie wird nur zur Zusammenarbeit bereit sein, wenn das Verhalten auch dort als problematisch empfunden wird. Helfen Sie ihnen, weniger geduldig und nachsichtig zu werden, um die soziale Entwicklung ihres Kindes zu fördern.

Expertentipps

Nehmen Sie es nie persönlich, auch wenn Sie von der mangelnden Selbstbeherrschung des ADHS-Schülers überfordert sind.

Wenn Sie müde oder entmutigt sind, besteht die Gefahr, dass Sie all die Erfolge, die Sie erreicht haben, nicht mehr erkennen. Machen Sie Pausen, bitten Sie Kolleg*innen um Hilfe.

Vermeiden Sie Diskussionen mit dem Kind, wenn Sie wütend sind. Geben Sie nicht auf, verlieren Sie nicht die Hoffnung, dass das Kind lernen, sich verändern, reifen und sich nach und nach immer besser selbst kontrollieren kann.

KAPITEL 8

Es macht IMMER DIESELBEN FEHLER

WARUM VERHÄLT SICH DAS KIND SO?

Weil es die Regeln und die Konsequenzen seines Fehlverhaltens vergisst.

Weil es seinen Fehler nicht eingesteht und seine offensichtlichen Schwierigkeiten bestreitet.

Weil es handelt, bevor es nachdenkt, weshalb Zurechtweisungen nicht vermieden werden können.

TO DO

- ✓ Wiederholen Sie die **Regeln** häufig.
- ✓ Helfen Sie ihm zu verstehen, **wann** es Fehler macht.
- ✓ Helfen Sie ihm zu verstehen, **warum** es ein Fehler war.
- ✓ Helfen Sie ihm, um **Hilfe** zu bitten oder Hilfe anzunehmen.
- ✓ Helfen Sie ihm, seine Fehler zu erkennen.
- ✓ Bringen Sie ihm bei, dass Flüchtigkeitsfehler vermeidbar sind.

NOT TO DO

- ✗ Schimpfen Sie es **NICHT**, wenn es Fehler macht.
- ✗ Schimpfen Sie es **NICHT**, wenn es sich nicht verbessert.
- ✗ Zeigen Sie sich **NICHT** über sein Verhalten enttäuscht.
- ✗ Hören Sie **NICHT** auf, seine Fehler zu korrigieren.
- ✗ Kränken Sie es **NICHT**.

Analyse des Problemverhaltens

»Errare humanum est, perseverare diabolicum« (»Irren ist menschlich, aber auf Irrtümern zu bestehen, ist teuflisch«): Aber sind dann alle Kinder mit ADHS teuflisch?

Absolut nicht, sie verharren im Fehlverhalten, welcher Art auch immer, aufgrund ihrer Impulsivität und unzureichenden Aufmerksamkeit. Sie handeln, ohne über die Folgen ihres Handelns nachzudenken. Ihre starke Impulsivität bewirkt, dass sie keine Zeit haben, darüber nachzudenken, was als Nächstes passieren könnte.

Dieses Problemverhalten zeigt sich in der Schule bei vielen Gelegenheiten. Zum Beispiel:

- Sie hören nicht auf, starken Lärm zu machen.
- Sie beschädigen oder verlieren ständig Schulsachen.
- Sie stehen immer wieder von ihrem Platz auf.
- Sie bringen laufend Arbeitsaufträge nicht zu Ende.
- Sie machen immer wieder die gleichen Rechen- oder Rechtschreibfehler.
- Sie streiten sich immer wieder während der Mannschaftsspiele.

Kurz gesagt, sie verharren im Missachten der Regeln des Sozialverhaltens und in den durch Ablenkung hervorgerufenen Fehlern.

Das größte Problem ist jedoch, dass sie ihre Fehler fast nie zugeben: Sie lügen nicht, aber sie leugnen Tatsachen. Sie geben nur selten zu, dass sie etwas falsch gemacht haben, und entschuldigen sich daher auch nicht.

Warum? Weil Kinder mit ADHS ihr Fehlverhalten nicht erkennen und nicht verstehen, warum sie zurechtgewiesen werden. Daher empfinden sie Zurechtweisungen als ungerecht.

Mögen wir es, für Fehler zurechtgewiesen zu werden? Ich denke, die Antwort ist Nein. Falls es aber passiert, erkennen wir unseren Fehler in der Regel an und versuchen, unser Verhalten zu ändern (es gibt auch diejenigen, die versuchen, der Person, die sie maßregelt, aus dem Wege zu gehen!).

Natürlich mögen auch Kinder mit ADHS es nicht, geschimpft zu werden, aber abgesehen davon werden sie andauernd gemaßregelt. Sie sind einfach impulsiv und handeln, ohne nachzudenken; vor allem, wenn sie aufgeregt oder – im anderen Extrem – wenn sie gelangweilt sind.

Werden sie zurechtgewiesen, fühlen sie sich im Unrecht. Stellen Sie sich vor, wie sehr sie darunter leiden, immerhin möchten sie immer die Besten sein, immer gewinnen.

Ein ADHS-Kind ist empfindlich, vor allem wenn die Zurechtweisung von einem Erwachsenen kommt, den es schätzt oder gernhat. Noch mehr gekränkt ist es jedoch, wenn sie von Erwachsenen getadelt werden, die sie ihrer Meinung nach nicht »verstehen«.

Achtung: Kinder mit ADHS machen auch im Unterricht, bei Übungen und Tests häufig dieselben Fehler. Diese Fehler sind meist auf Unaufmerksamkeit zurückzuführen, aber auch auf die Eile, weil sie unliebsame oder schwierige Aufgaben möglichst rasch erledigen möchten.

Wie eingreifen

Erstellen Sie für das Kind folgende ...

Regeln

- Ich zähle bis zehn, bevor ich etwas tue oder sage, damit ich verstehe, ob es jetzt gut ist, das zu machen oder zu sagen.
- Zu Hause lese ich jeden Abend das »Verhaltensbuch«.

Die Strukturierung

Dieses Problemverhalten spiegelt die allgemeinen Schwierigkeiten mit der Selbststeuerung und Selbstkontrolle des Kindes mit ADHS wider. Es wäre recht nützlich, mit dem Kind ein »Verhaltensbuch« zu erstellen, in das jedes Mal ad hoc eine Regel erstellt und eingetragen wird, wenn ein wiederkehrender Fehler im Sozialverhalten oder im Unterricht festgestellt wird. Es empfiehlt sich, diese Regeln immer wieder mit ihm durchzugehen und ihm vorzuschlagen, sie zu Hause auch noch einmal zu lesen.

Die Bewertungstabelle zur Überwachung

Sie können mit der Überwachungstabelle des »andauernden Fehlverhaltens« erst beginnen, wenn die Zusammenarbeit mit dem Kind und seinen Eltern schon gut und stabil funktioniert. Wie Sie sich sicherlich erinnern, ist es besser, an nicht mehr als drei problematischen Verhaltensweisen gleichzeitig zu arbeiten.

Deshalb:

SCHWARZER PUNKT	ein zusätzlicher schwarzer Punkt, wenn das Kind an diesem Tag bereits zwei schwarze Punkte bekommen hat
ROTER PUNKT	ein zusätzlicher roter Punkt, wenn es an diesem Tag bereits zwei rote Punkte bekommen hat
GELBER PUNKT	ein zusätzlicher gelber Punkt, wenn es an diesem Tag bereits zwei gelbe Punkte bekommen hat
GRÜNER PUNKT	wenn es an diesem Tag keinen schwarzen, roten oder gelben Punkt bekommen hat

Die Ermutigung

Sie können den BLAUEN PUNKT einsetzen, wenn das Kind an einem Tag zwei grüne Punkte erhält.

Hinweis: Ein blauer Punkt ist ein BONUS-Punkt, er ist doppelt so viel wert und gilt für zwei grüne Punkte auf der Punktesammelkarte für Belohnungen.

Der Erziehungspakt

Dieses Problemverhalten sollten Sie erst gegen Ende Ihres »Trainings« mit dem ADHS-Kind mit dessen Familie besprechen. Stimmen Sie mit den Eltern das Punktesystem ab, und fordern Sie sie auf, nicht mittels Ermahnungen zu agieren.

Diese Zusammenarbeit wird sehr viel effektiver sein, wenn das Kind seine Tendenz, immer wieder die gleichen Fehler zu machen, verstanden hat und allmählich lernt, »erst zu denken, dann zu handeln«.

Expertentipps

Erinnern Sie sich stets daran, das Kind niemals vor anderen auf seine Fehler hinzuweisen.

Zeigen Sie keine Enttäuschung darüber, dass es einen Fehler erneut gemacht hat.

Erleben Sie andauerndes Fehlverhalten nicht als ihr pädagogisches Versagen und auch nicht als Trotzreaktion des Kindes.

Sehr oft ist das Kind zerstreut und merkt deshalb nicht, dass es gerade etwas falsch macht. Interpretieren Sie die Fehler nicht als Faulheit, Trägheit oder Demotivation, sondern helfen Sie ihm zu verstehen, warum es immer wieder diese Fehler macht.

KAPITEL 9 Es erkennt keine GEFAHREN

WARUM VERHÄLT SICH DAS KIND SO?

Weil es waghalsig und leichtsinnig ist.

Weil es oft »in seiner Welt der Helden« lebt und seinen Lieblingshelden nachahmen möchte.

Weil Gefahr aufregend ist und ihm gefährliche Unternehmungen oft tatsächlich gelingen.

Weil es bei der Risikobewertung einer Situation unüberlegt und oberflächlich ist.

TO DO

- ✓ **Analysieren** Sie potenziell gefährliche Situationen.
- ✓ Sprechen Sie **VERBOTE** aus.
- ✓ Seien Sie **bestimmend**.
- ✓ Bewahren Sie die **Ruhe**.
- ✓ Fordern Sie von Beginn an die **Zusammenarbeit** der Eltern.
- ✓ Geben Sie ihm ein **Time-out**, wenn es übertreibt.

NOT TO DO

- ✗ Vertrauen Sie seiner waghalsigen Unerschrockenheit **NICHT**.
- ✗ Zeigen Sie **KEINE** Angst.
- ✗ Schreien Sie **NICHT**, wenn Sie es in Gefahr sehen.
- ✗ Verlieren Sie **NICHT** die Ruhe.
- ✗ Verbieten Sie ihm **NICHT**, sich zu bewegen.
- ✗ Loben Sie es **NICHT** für seinen Leichtsinn.

Analyse des Problemverhaltens

Das Leben von Kindern mit ADHS ist eine ständige Herausforderung und gleicht oft einem adrenalingeladenen »Actionfilm«.

Manchmal fragt man sich, was für ein Durcheinander sie in ihrem Kopf haben müssen, bei all den Eindrücken, die sie »wie ein Schwamm« aufsaugen. Es scheint fast, als würden sie in ihrer eigenen Fantasiewelt voller Abenteuer leben.

Diese Kinder können das Risiko, welches ihr Verhalten mit sich bringt, oft nicht einschätzen, weil sie zu schnell agieren, zu fokussiert auf das, was sie tun oder erreichen wollen, zu konzentriert auf den Spaßfaktor sind.

Manchmal bringen sie sich in Gefahr, weil sie »in den Wolken« leben – leichtsinnig, unaufmerksam und oberflächlich sind. Für sie, die in unablässiger Bewegung und oft abgelenkt sind, gibt es zahlreiche Gefahrenquellen, weniger im Klassenzimmer, vielmehr auf dem Schulhof und in der Turnhalle.

Üblicherweise verletzen sie sich, indem sie laufen (oft stoßen sie mit anderen Kindern zusammen), von Mauern springen, hochklettern, Treppen hinunterrutschen, die Straße überqueren, ohne zu schauen, oder ältere Kinder provozieren ...

Vorsicht: In der Regel gehen sie potenziell gefährlichen Situationen nicht aus dem Weg, weil sie sehr selbstbewusst und davon überzeugt sind, dass sie es »immer schaffen« (über die Treppen zu springen, weit genug zu flüchten, einen Wettkampf zu gewinnen, einen Lehrer zu überlisten).

Wenn sie sich bei einer rücksichtslosen Handlung verletzen, neigen sie nicht dazu, sich über die Schmerzen zu beschweren, die sind Teil des Risikos.

Meist treiben sie einfach Unfug, obwohl auch das manchmal erhebliche Folgen haben kann. Sie können nicht zwischen Leichtsinn und Waghalsigkeit unterscheiden. Sie haben ein begrenztes Gefahrenempfinden und akzeptieren auch Erklärungen zu potenziellen Risiken kaum.

Oft haben Sie »Kampfnarben« (blaue Flecken und diverse Schürfwunden), die sie wie Trophäen zur Schau stellen.

Denken Sie daran, dass sie keine Langeweile dulden: Für sie ist Vorsicht gleichbedeutend mit Langeweile, und vorsichtige Menschen sind monoton und feige.

Wie eingreifen

Erstellen Sie für das Kind folgende ...

Regeln

- Ich darf nicht auf Mauern klettern.
- Ich darf nicht auf Tische oder Stühle steigen.
- Ich darf in den Gängen und auf den Treppen nicht rennen.
- Ich darf meinen Klassenkamerad*innen innerhalb der Schule nicht nachjagen.
- Ich darf die Schule nicht verlassen.

Für dieses Problemverhalten, das die persönliche Sicherheit gefährden kann, müssen klare Verbote ausgesprochen werden.

Setzen Sie Ihre ganze Autorität ein.

Die Strukturierung

Schauen Sie sich die Umgebung, in denen sich die Kinder in der Schule aufhalten, genau an, und prüfen Sie sorgfältig, welche potenzielle Gefahren dort lauern: Seien Sie schlauer als Ihre Schüler*innen, ohne sie es wissen zu lassen.

In größeren Räumen (Flure, Turnhalle) sollten Sie sie immer im Auge behalten, auch aus der Ferne.

Bei Ausflügen und Bildungsreisen müssen Sie unnachgiebig und durchsetzungsstark sein, wenn es um die Einhaltung der Regeln geht.

Vertrauen ist gut, aber ein wenig Misstrauen ist tatsächlich besser, vor allem wenn die Kinder sehr lebhaft sind.

Die Bewertungstabelle zur Überwachung

Es gibt viele Situationen, in denen sich das Kind mit ADHS in Gefahr begeben kann. Sie müssen es in jeder einzelnen Situation beobachten und nicht in seinem allgemeinen Verhalten.

Halten Sie beispielsweise die Augen offen, wenn das Kind die Treppe herunterspringt oder im Schulhof herumrennt, sowie bei allen riskanten Situationen, in denen Sie möglicherweise eingreifen müssen.

SCHWARZER PUNKT	wenn es sich verletzt oder etwas beschädigt
ROTER PUNKT	wenn es sich nach drei Ermahnungen außer Gefahr begibt
GELBER PUNKT	wenn es sich nach einer Ermahnung außer Gefahr begibt
GRÜNER PUNKT	wenn es sich nicht in Gefahr gebracht hat

Die Ermutigung

Dies ist ein Problemverhalten, dem Sie mittels sofortiger Ermutigung begegnen müssen. Wenn es dem Kind in den Pausen oder bei außerschulischen Aktivitäten gelingt, sich nicht in Gefahr zu bringen, sollte es sofort einen grünen Punkt erhalten. Es kann also sein, dass das Kind im Laufe eines Tages mehr als einen grünen Punkt erhält.

Der Erziehungspakt

Bei diesem Problemverhalten empfiehlt es sich, die Mitarbeit der Eltern von Beginn an einzufordern. Lassen Sie sich Erfahrungen berichten, um zu verstehen, was das Kind bereits angestellt hat und was es sich noch an Gefährlichem »einfallen« lassen könnte.

Erfragen Sie, welche Zeichentrickfilme es anschaut und ob es oft Videospiele spielt. Wenn ja, fragen Sie, wie lange und ob es danach aufgeregt oder nervös wirkt.

Finden Sie heraus, wie die Eltern mit der Tendenz des Kindes umgehen, sich selbst in Gefahr zu bringen, und erklären Sie, dass ihre Zusammenarbeit entscheidend ist. Wenn sich Kinder in der Schule verletzen, hat das ganz andere Konsequenzen, als wenn es zu Hause passiert. Die emotionalen Wirkungen eines solchen Ereignisses auf die Klassengemeinschaft, die Lehrer und die anderen Eltern ist nicht zu unterschätzen.

Expertentipps

Seien Sie nicht beunruhigter als nötig: Lebhafte Kinder verletzen sich, das ist ein Risiko »ihres Superheldenjobs«.

Versuchen Sie zu verstehen, ob sie über normale bis gute motorische Koordination und Gleichgewichtssinn verfügen, zumindest um sicherzustellen, dass das Risiko ihres waghalsigen Verhaltens nicht allzu hoch ist.

Empfehlen Sie, ihre Prahlerei und ihre Unbekümmertheit in Sport- und Kampfsportaktivitäten auszuleben.

Wenn das Kind in den Pausen sehr »bewegungsaktiv« ist, organisieren Sie strukturierte Bewegungsspiele.

KAPITEL 10

Es ist UNGEDULDIG

WARUM VERHÄLT SICH DAS KIND SO?

Weil geduldig zu sein bedeutet, langsam zu sein, und Langsamkeit ist langweilig.

Weil Langeweile und Untätigkeit es unruhig machen.

Weil es für das Kind unerträglich ist, wenn es verliert und nicht Erstes wird, insbesondere bei Spielen und beim Sport.

TO DO

- ✓ Lehren Sie es das **Warten**, jeden Tag ein bisschen länger.
- ✓ Analysieren Sie gut, **wie** es eine Aufgabe löst.
- ✓ Weisen Sie ihm **kurze Aufgaben** zu, diese müssen vor allem seinen Möglichkeiten entsprechen.
- ✓ **Teilen** Sie die Abgabe der Hausaufgaben auf mehrere Termine auf.
- ✓ Wenn möglich, **bleiben Sie bei ihm**, wenn es eine Aufgabe zu Ende bringen muss.

NOT TO DO

- ✗ Geben Sie ihm **KEINE** Aufgaben, bei denen es viel schreiben muss.
- ✗ Geben Sie ihm **KEINE** langen Aufgaben.
- ✗ Geben Sie ihm **KEINE** zu schwierigen Aufgaben.
- ✗ Erwarten Sie **NICHT**, dass es stillhält, wenn es warten muss.

Analyse des Problemverhaltens

Was ist Geduld?

Es ist die Bereitschaft zu Mäßigung, Toleranz und Nachsicht. Es ist die Fähigkeit, die eigene instinktive Reaktion auf eine Belästigung zurückzustellen und eine neutrale Haltung gegenüber dem Reiz beizubehalten.

Wenn man diese Definition liest, kann man verstehen, warum ein Kind mit ADHS mit seinen Schwierigkeiten bei der emotionalen und verhaltensmäßigen Selbstregulierung von Natur aus ungeduldig ist.

Geduld ist der Feind des Kindes mit ADHS, denn geduldig zu sein bedeutet, langsam zu sein, zu warten, nachzudenken.

Das ADHS-Kind hat ein völlig anderes Zeitgefühl. Einige Minuten des Wartens werden als ewig lang und daher als störend empfunden. Es ist voreingenommen: Alle Aufgaben, die es als langweilig empfindet, werden vorab schon als langwierig, schwierig, fast unüberwindbar eingestuft.

Manchmal entwickelt es auch Vorurteile gegen Sie: Waren Sie vielleicht einmal etwas pedantisch, wird der Schüler schnell ungeduldig und unruhig, weil er denkt, dass Sie immer so sind.

In der Schule gibt es typische Situationen, in denen sich das Kind mit ADHS durch zunehmende Ungeduld bemerkbar macht: wenn es eine lange Aufgabe zu Ende bringen muss; wenn es warten muss, bis seine Klassenkamerad*innen mit der Arbeit fertig sind, bevor es aufstehen darf; wenn es in der Schulmensa mit dem zweiten Gang erst anfangen darf, sobald alle mit dem ersten Gang fertig sind usw.

Das Kind mit ADHS befindet sich in einem Wettlauf mit sich selbst und muss immer gleich fertig werden, schnell sein, Dinge erledigen …

Auf Klassenfahrt ist es ungeduldig, am Ziel anzukommen; es kann es nicht erwarten, das Unterrichtsprogramm abzuarbeiten, den Pausensnack zu essen, das Ende eines Films zu sehen oder das Ende eines Buches zu erfahren.

Seine Ungeduld steht in direktem Verhältnis dazu, wie langsam und mühsam die auszuübende Tätigkeit ist.

So kann es passieren, dass der Schüler mit ADHS sehr wütend wird oder in einem plötzlichen Wutanfall, ohne Vorwarnung, einen für ihn wertvollen oder geliebten Gegenstand zerstört.

Ebenso wie andere Problemverhalten, die mit Impulsivität zusammenhängen, führt auch die Ungeduld zu erheblichen Schwierigkeiten in sozialen Beziehungen. Oftmals wandelt sich Ungeduld tatsächlich in physischen Kontakt um, und es kann dazu führen, dass dadurch ein Mannschaftsspiel verloren wird oder die Voraussetzungen für eine Gruppenstrafe geschaffen werden. Mehr als drei bis fünf dieser Episoden werden von den Mitschüler*innen kaum toleriert.

Wie eingreifen

Erstellen Sie für das Kind folgende …

Regeln

- Ich zähle bis zehn, bevor ich etwas sage oder tue.
- Ich mache mich nicht über Kinder lustig, die nicht so schnell sind wie ich.
- Ich schnaufe nicht laut auf, wenn ich nicht aufstehen darf, wann ich möchte.
- Ich suche nicht nach Abkürzungen beim Spiel oder Wettkampf.

Die Strukturierung

Sie müssen Risikosituationen voraussehen: Es ist Ihre Aufgabe, Streitigkeiten, Krisen und ausgeprägte Oppositionshaltungen zu verhindern. Versuchen Sie also, sich in die Lage des Kindes mit ADHS hineinzuversetzen, und analysieren Sie, wann Geduld erforderlich ist: Behalten Sie es in diesen Fällen in Ihrer Nähe, fordern Sie es alle fünf Minuten auf, sich zu beherrschen, und ermutigen Sie es häufig.

Vermeiden Sie Eintönigkeit, Routine und die Wiederholung der immer gleichen Spiele. Teilen Sie ihm vorher Dauer und Schwierigkeitsgrad der Aufgabe mit, damit es sich seine Zeit besser einteilen kann.

Die Bewertungstabelle zur Überwachung

SCHWARZER PUNKT	wenn es aus Ungeduld mit seinen Mitschüler*innen streitet
ROTER PUNKT	wenn es aus Ungeduld etwas kaputt macht
GELBER PUNKT	wenn es aufgrund seiner Ungeduld ermahnt werden muss
GRÜNER PUNKT	wenn es den ganzen Tag über geduldig war

Die Ermutigung

Erfinden Sie einen »Super-Gedulds-Preis«, und erinnern Sie es oft daran, dass Geduld die Tugend der Starken ist. Der Vergleich mit einem Superhelden könnte es motivieren.

Der Erziehungspakt

Auch in der Familie gibt es viele Situationen, die dem ADHS-Kind Geduld abverlangen: wenn es warten muss, bis die anderen mit dem Essen fertig sind; wenn es ein neues Spiel aufbauen muss; wenn es ein Videospiel spielt; wenn es sich zum Rausgehen anziehen muss; wenn ein Freund wartet, um mit ihm zu spielen ...

Aufgrund seiner Ungeduld wird es auch Neuem schnell überdrüssig (Spiele, Bücher usw.) und will immer wieder etwas anderes.

Es ist nicht ungewöhnlich, dass Eltern berichten: »Es ist nie genug«, »Er will immer mehr«.

Die Eltern müssen solche Situationen auf jeden Fall beobachten und mit Ihnen einen Erziehungspakt schließen, um ein schrittweises Geduldstraining zu planen. Denken auch Sie stets an das Motto: Geduld ist die Tugend der Starken.

Expertentipps

Wie immer lautet der wichtigste Ratschlag, »die Beziehung aufrechtzuehalten« und das Kind nicht zu schimpfen. Betonen Sie niemals, dass seine Misserfolge auf seine Ungeduld zurückzuführen sind.

Das Kind mit ADHS fühlt sich nicht gerne »anders« und es kann sich vor allem nicht selbst ändern: Demütigen Sie es nicht!

Fragen Sie sich oft, ob Sie ausreichend motiviert, fröhlich und lustig sind.

Versuchen Sie einen Moment lang, sich hineinzuversetzen, selbst ein Mensch mit ADHS zu »werden«, um zu verstehen, wie es sich anfühlt, wenn etwas nicht sofort erledigt wird.

Loben Sie es ausgiebig, wenn es ihm gelingt, in schwierigen Situationen geduldig zu bleiben.

Notizen

Unaufmerksamkeit

KAPITEL 11

Es NOTIERT sich die Hausaufgaben NICHT

WARUM VERHÄLT SICH DAS KIND SO?

Weil es abgelenkt ist, während Sie die Hausaufgaben diktieren.

Weil es Hausaufgaben hasst: Es empfindet sie als mühevoll und lästig.

Weil es der Meinung ist, dass Aufgaben in der Schule zu machen sind und nicht zu Hause.

Weil Hausaufgaben ihm sinnlos erscheinen und ihm wertvolle Zeit wegnehmen.

TO DO

- ✓ Erklären Sie ihm, dass Hausaufgaben ein **Training** sind, um besser zu werden.
- ✓ Schreiben Sie die Hausaufgaben auf die **Tafel**.
- ✓ **Überprüfen** Sie immer, ob es die Hausaufgaben in das Merkheft eingetragen hat.
- ✓ Verwenden Sie das **HAUSAUFGABEN-BONUS**-System.
- ✓ Geben Sie **kurze und einfache** Hausaufgaben.
- ✓ **Koordinieren** Sie die Hausaufgaben mit den Kolleg*innen, damit sie gleichmäßig über die Woche verteilt werden.

NOT TO DO

- ✗ Verwenden Sie Hausaufgaben **NICHT** als Strafe.
- ✗ Bringen Sie das Kind **NICHT** dazu, Hausaufgaben zu hassen.
- ✗ Lassen Sie sich **NICHT** entmutigen: Die Hausaufgaben müssen gemacht werden.

Analyse des Problemverhaltens

Für Kinder mit ADHS sind Hausaufgaben ein echter »Albtraum«, weil sie diese als Zwang empfinden.

Der erste Grund dafür ist, dass sie keinen Sinn darin sehen: Wenn man schon vormittags zum Unterricht geht, warum muss man dann auch noch am Nachmittag etwas für die Schule tun? Wozu soll das gut sein? Es ist nicht richtig, seine Freizeit mit Hausaufgaben zu ruinieren!

Bedenken Sie, dass alle Kinder mit ADHS Freigeister sind, sie sind kreativ und unruhig, sie empfinden jede Art von Pflicht als extrem ungerecht und »physisch« unerträglich.

Achtung: Die Gründe, warum sich das Kind mit ADHS die Hausaufgaben nicht notiert, können auch recht banal sein. Zum Beispiel wurde es abgelenkt, während Sie diktiert haben, es hat nicht richtig zugehört, und nun schämt es sich zu fragen (Sie wissen ja, dass es sehr stolz ist!); es konnte sein Merkheft nicht finden, oder es weiß einfach nicht, auf welcher Seite es schreiben soll.

Sehr oft ist der Moment, in dem die Hausaufgaben diktiert werden, hektisch und schlecht strukturiert, vor allem wenn die Kinder älter und – wie man glaubt – selbstständiger sind.

Die erste Strategie, die das Kind findet, um sich vor den Hausaufgaben zu drücken, ist schlichtweg, sie nicht aufzuschreiben. In Wirklichkeit handelt es sich zunächst nicht um eine Strategie, sondern nur um Unaufmerksamkeit, Desorganisation und Oberflächlichkeit.

Es kann auch zu Weigerungen und Wutausbrüchen kommen, wenn Hausaufgaben nur erwähnt werden. Kurz gesagt, ein echter Albtraum für das Kind, ebenso für die Familien und die Lehrkräfte.

Wie eingreifen

Erstellen Sie für das Kind folgende ...

Regeln

- Ich schreibe immer alle meine Hausaufgaben in mein Merkheft.
- Zu Hause kontrolliere ich das Merkheft auf der Seite des richtigen Datums.
- Ich erledige meine Hausaufgaben, eine nach der anderen.

Die Strukturierung

Das schon erwähnte Ministerialrundschreiben erwähnt den Punkt ganz klar: Es ist notwendig, »ständig auf die korrekte Eintragung der Hausaufgaben in das Merkheft zu achten«. Es ist daher unerlässlich, sich geduldig zum ADHS-Kind zu stellen, während es die Hausaufgaben aufschreibt. Als Erstes erklären Sie ihm, wozu Aufgaben dienen: Sie sind Training, um sich zu verbessern.

Schreiben Sie die Hausaufgaben an die Tafel und geben Sie einfache, klare und kurze Aufgaben. Helfen Sie ihm, das Merkheft richtig zu benutzen. Es muss die Seite mit dem richtigen Tag aufschlagen, erst das Schulfach und dann die zu erledigende Hausaufgabe eintragen. Überprüfen Sie, ob es alles aufgeschrieben hat, eventuell bekommt der Eintrag ein Häkchen, wenn alles richtig ist.

Stimmen Sie sich mit Ihren Kolleg*innen ab, um eine ausgewogene Verteilung der Hausaufgaben über die Woche zu ermöglichen. In den ersten drei Grundschuljahren ist eine halbe Stunde Hausaufgaben pro Tag als kognitives Training ausreichend. Kontrollieren Sie jeden Tag, ob die Hausaufgaben erledigt wurden, und geben Sie die Möglichkeit, sie nachzuholen, falls sie noch nicht gemacht wurden.

Die Bewertungstabelle zur Überwachung

Die Regel »Ich schreibe meine Hausaufgaben in das Merkheft« ist nicht zu kontrollieren. Am besten ist es, die Regel »Ich mache meine Hausaufgaben« in jedem Fach zu überwachen. Da das Erledigen von Hausaufgaben für Kinder mit ADHS in der Tat ein »leidiges« Thema ist, ist eine pädagogische Strategie »full assistance« erforderlich: Verwenden Sie das BONUS-System, auch um es rechtfertigen zu können, dass es die Hausaufgaben nachholen soll, wenn es sie nicht gemacht hat.

Jedes Kind erhält zwei BONUS in Form von farbigen Kärtchen für jedes Unterrichtsfach, in dem das Problemverhalten auftritt. Hat das Kind die Hausaufgabe nicht gemacht, kann es seinen BONUS einsetzen oder eine gültige Entschuldigung. Wird die fehlende Hausaufgabe in den nächsten Tagen abgegeben, erhält es sein BONUS-Kärtchen zurück. Denken Sie daran, ein Zeitlimit zum Nachholen festzulegen. Wenn ihm die BONUS-Kärtchen ausgehen und es die Hausaufgaben immer noch nicht macht, fahren Sie mit der Standard-Bewertungstabelle mit den farbigen Punkten fort.

SCHWARZER PUNKT	wenn es 3-mal die Hausaufgaben nicht gemacht hat
ROTER PUNKT	wenn es 2-mal die Hausaufgaben nicht gemacht hat
GELBER PUNKT	wenn es einmal die Hausaufgaben nicht gemacht hat
GRÜNER PUNKT	wenn es die Hausaufgaben gemacht hat

Hinweis: Erklären Sie ihm Ihre Vorgehensweise genau! Das Kind bekommt heute einen gelben Punkt, wenn es die Hausaufgaben nicht gemacht hat und keinen BONUS mehr hat. Wenn es die Aufgabe auch am Tag danach nicht abgibt, dann bekommt es einen roten Punkt, und wenn es sie weiterhin nicht macht, erhält es den schwarzen Punkt.

Die Ermutigung

Hausaufgaben sind eines der großen Diskussionsthemen in der Schule. Sie werden die Kinder über die ganze Schulzeit hindurch begleiten, also helfen Sie den Kindern, sie nicht zu hassen.

BLAUER PUNKT	nach 5 grünen Punkten

Die Belohnung selbst könnte darin bestehen, dass für den nächsten Tag keine Hausaufgaben gegeben werden.

Der Erziehungspakt

Dieses Problemverhalten erfordert sicherlich sehr viel Geduld und auch eine transparente Zusammenarbeit mit der Familie.

Hausaufgaben können und dürfen nicht zum Albtraum werden. Es gibt Familien, in denen sich während der Erledigung der Aufgaben regelrecht »Tragödien« abspielen.

Sobald das Kind merkt, dass es sich zwischen den beiden Fronten »Lehrerin und Eltern« befindet, wird es Strategien entwickeln, um die Aufgaben zu umgehen: Es behauptet, dass es keine Hausaufgaben hat, später lässt es seine Hefte oder Bücher in der Schule liegen usw. Organisieren Sie sofort ein Treffen mit den Eltern, sobald Sie feststellen, dass das Kind Schwierigkeiten hat, die Hausaufgaben in das Merkheft einzutragen, und tausend Ausreden findet, sie nicht zu machen.

Fragen Sie die Eltern, was zu Hause passiert, während Hausaufgaben gemacht werden, und suchen Sie gemeinsam nach praktikablen Lösungen. Schlagen Sie zum Beispiel vor, jeden Tag wenig, dafür regelmäßig zu arbeiten. Das Kind sollte sich nicht »gejagt« fühlen, sondern ganz natürlich und entschlossen dazu angeleitet werden, das zu machen, was gemacht werden muss: die Hausaufgaben.

Expertentipps

Geben Sie Kindern mit diesem Problemverhalten niemals zusätzliche Hausaufgaben als Bestrafung. Sie würden damit das oppositionelle Verhalten des Kindes nur verstärken.

KAPITEL 12

Es bringt die Arbeiten NICHT ZU ENDE

WARUM VERHÄLT SICH DAS KIND SO?

Weil es sich nur kurz konzentrieren kann und sich ablenken lässt.

Weil es müde ist.

Weil es demotiviert ist, wenn die Aufgabe schwierig, langwierig oder langweilig ist.

Weil es oft ganz einfach keine Lust dazu hat.

TO DO

- ✓ Vergeben Sie **kurze und schwierige** oder **lange und einfache** Aufgaben.
- ✓ **Teilen** Sie die Aufgabe in mehrere Teile auf.
- ✓ **Helfen** Sie dem Kind, fertig zu werden, indem Sie ihm ein paar Tipps geben.
- ✓ Spornen Sie es mit der **Stoppuhr** an: Es soll wie ein Wettrennen auf Zeit sein.
- ✓ Wenn es Schwierigkeiten mit dem Schreiben hat, lassen Sie es die Aufgabe mündlich abschließen.

NOT TO DO

- ✗ Geben Sie ihm **KEINE** langen und schwierigen Aufgaben.
- ✗ Lassen Sie es **NICHT** zu Hause fertig machen, was es in der Schule nicht geschafft hat.
- ✗ Lassen Sie **NICHT** seine Pause ausfallen, um die Aufgabe zu beenden.
- ✗ Seien Sie **NICHT** zu anspruchsvoll.

Analyse des Problemverhaltens

Wie bereits erwähnt, ist der Schulbesuch für Kinder mit ADHS mit großen Mühen verbunden. Man muss dort aufpassen, still sein, zuhören, stillsitzen, schreiben, malen: was für eine Mühe und so langweilig!

Oft fragen sie sich: Wie lange dauert es noch? Wann ist fertig? Wann können wir spielen?

Warum bringen diese Kinder die zugewiesene Arbeit nicht zu Ende? Die Gründe dafür können vielfältig sein: Die Aufgabe ist lang oder schwierig; sie mögen es nicht, zu lange zu malen, zu zeichnen oder zu schreiben; oder sie mögen es generell nicht, für längere Zeit dieselben Dinge zu tun. Manchmal sind sie abgelenkt und haben die Aufgabe nicht ganz verstanden; manchmal haben sie Hunger und denken an die Jause; manchmal sind sie nach dem Spielen im Schulhof noch zu aufgeregt.

Gelegentlich jedoch zeigen sie ein widerwilliges Verhalten, weil sie hoffen, dadurch von unliebsamen Tätigkeiten befreit zu werden.

Sie haben durchaus auch Vorurteile, dann sind sie von Beginn an davon überzeugt, dass die ihnen zugewiesene Aufgabe langweilig sein wird: Sie fangen die Arbeit zwar an, beenden sie jedoch nicht. Manchmal spielen sie auch einfach nur die »Schlauen«, um nicht mitarbeiten zu müssen und dafür weiterhin zu stören und Spaß zu haben.

In anderen Fällen wünschen sie sich jemanden, der Ihnen zur Seite steht, weil sie befürchten, es nicht zu schaffen. Bedenken Sie, dass sie sehr frustriert sind, wenn sie versagen. Da sie Frustration und geschimpft zu werden nicht ertragen, drücken sie sich lieber vor der Aufgabe, anstatt es erneut zu versuchen.

Denken Sie auch daran, dass die Aufmerksamkeitsspannen von Kindern mit ADHS sehr kurz sind.

Wie eingreifen

Erstellen Sie für das Kind die folgende einzige ...

Regel

Ich beende die zugewiesene Arbeit, Schritt für Schritt.

Die Strukturierung

In dem bereits zitierten Ministerialrundschreiben wird Folgendes betont:

> Teilen Sie klar und verständlich mit, wie viel Zeit für die Erledigung der Aufgabe verfügbar ist (bedenken Sie, dass der Schüler mit ADHS möglicherweise mehr Zeit benötigt als die Klasse, oder umgekehrt, er sich mit dem Ziel der raschen Fertigstellung übermäßig beeilt).

Verwenden Sie eindeutige Symbole, um die Dauer und den Schwierigkeitsgrad einer Aufgabe oder eines Arbeitsblatts anzugeben. Wenn nötig, können Sie die Symbole an die Tafel schreiben und so eine Art Legende erstellen.

Verbinden Sie nicht Länge und Schwierigkeit in einer Aufgabe. Sie muss entweder lang und einfach oder kurz und dafür schwieriger sein.

Eine weitere Anmerkung des Ministerialrundschreibens sieht vor:

> Organisieren Sie mehrteilige, schriftliche Prüfungen, und fordern Sie den Schüler auf, seine Aufgabe vor der Abgabe gründlich zu überprüfen.

Sie können dann die Teilaufgaben auf mehrere Arbeitsblätter aufteilen und diese einzeln verteilen.

Grundsätzlich sollten Sie sich immer so organisieren, dass Sie das ADHS-Kind nicht aus den Augen verlieren, während es arbeitet, und nutzen Sie seine Aufmerksamkeitsspannen.

Die Bewertungstabelle zur Überwachung

SCHWARZER PUNKT	wenn es die Mitarbeit verweigert
ROTER PUNKT	wenn es zugewiesene Aufgaben nicht beendet
GELBER PUNKT	wenn es andauernd ermahnt werden muss, um die Aufgabe zu beenden
GRÜNER PUNKT	wenn es die Aufgabe eigenständig beendet

Die Ermutigung

In diesem Fall ist es ratsam, zusätzlich zum Sammeln von grünen Punkten häufig verbale Anerkennung zu geben: »Bravo!«, »Gut gemacht!«, »Mach weiter so!«, »Ich bin sehr stolz auf dich!«, »Give me five!« »Herzlichen Glückwunsch!« usw.

Der Erziehungspakt

Erkundigen Sie sich bei den Eltern, ob das Kind zu Hause ständig von einer Tätigkeit zur anderen wechselt, noch bevor es eine beendet hat.

Fragen Sie, ob es sich mindestens 20 Minuten lang mit einer unangenehmen Aufgabe beschäftigen kann.

Finden Sie heraus, ob die Eltern ihm bei den Hausaufgaben helfen oder diese für das Kind erledigen.

Fragen Sie auch, ob es von einem Spiel zum anderen wechselt, ohne aufzuräumen, und ob es mehrmals dazu ermahnt werden muss.

Prüfen Sie die Bereitschaft der Eltern, das Kind zu Hause darin zu schulen, zu Ende zu bringen, was es anfängt. Sie können ihm dazu kleine Aufgaben übertragen (Tisch decken, abräumen usw.).

Expertentipps

Bestrafen Sie das Kind niemals, wenn es seine Arbeit im Unterricht nicht beendet hat – das ist sinnlos!

Sagen Sie ihm vor allem nicht, dass es wegen seiner Langsamkeit oder Faulheit die Pause dafür nutzen muss, um die Aufgabe zu erledigen, oder dass es sie zu Hause fertigstellen muss.

Auch wenn das Kind Ihnen provokant erscheint, sollten Sie nicht in die Falle tappen, es zu bestrafen.

Nicht das ADHS-Kind, sondern Sie müssen eine Lösung für sein Problemverhalten finden.

Sehr oft haben Kinder mit ADHS grafomotorische Schwierigkeiten, daher sollte man sie nicht für ihr unordentliches Schulheft kränken oder schimpfen. Wenn sie sich angestrengt haben, loben Sie sie, auch wenn das Endergebnis nicht wirklich gut ist.

Unaufmerksamkeit ist das wichtigste Kernmerkmal von ADHS: Wegen seines schlecht funktionierenden Aufmerksamkeitssystems hat das Kind mit ADHS Schwierigkeiten in der Schule. Sein besonderer Bildungsbedarf: Es benötigt Hilfe in Bezug auf seine Unaufmerksamkeit.

KAPITEL 13

Es hat DEN KOPF in den Wolken

WARUM VERHÄLT SICH DAS KIND SO?

Weil es sich langweilt und von etwas abgelenkt wird.

Weil es sich gerne in seinen Gedanken verliert.

Weil es müde ist und »Leichtigkeit« benötigt.

Weil seine Fantasiewelt voller Möglichkeiten ist.

TO DO

- ✓ Reduzieren Sie **visuelle Ablenkungsfaktoren.**
- ✓ Reduzieren Sie **akustische Ablenkungsfaktoren.**
- ✓ Vergewissern Sie sich, dass es **zuhört,** auch wenn es »in den Wolken schwebt«.
- ✓ **Fordern** Sie öfters seine Aufmerksamkeit.
- ✓ Lassen Sie es eine **kurze Pause** machen, wenn es absolut nicht aufmerksam sein kann.

NOT TO DO

- ✗ Schimpfen Sie **NICHT.**
- ✗ Erwarten Sie **NICHT,** dass es sich länger als eine halbe Stunde ohne Pause konzentrieren kann.
- ✗ Verlieren Sie **NICHT** die Geduld und Entschlossenheit.
- ✗ Unterschätzen Sie die Ablenkungsfaktoren **NICHT** (akustische und visuelle).
- ✗ Verurteilen Sie das Kind **NICHT.**

Analyse des Problemverhaltens

Das Kind mit ADHS flüchtet sich »in die Wolken«, wenn es auf dem »Planeten« Schule langweilig, langsam und monoton wird.

Auf den »Wolken« sind all die Träume und Ideen, die es glaubt, realisieren zu können; aber die Wolken sind auch weich und flauschig und man kann sich dort einfach ausruhen.

Manchmal muss man sich ablenken, um sich vom Stress des Augenblicks zu erholen, sich zu entspannen.

Es gibt Augenblicke oder Situationen, die eher dazu verleiten, sich in seinen Gedanken zu verlieren: frühmorgens (viele Kinder mit ADHS haben morgens Schwierigkeiten, wach zu werden, aufzustehen) oder gegen Mittag (manche werden unkonzentriert, wenn sie hungrig sind); an regnerischen Tagen oder wenn der Frühling naht und die blühenden Bäume durch das Fenster zu sehen sind; wenn die Kinder unter saisonalen Allergien leiden (häufig bei Kindern mit ADHS), wenn sie Sorgen haben usw.

Kurz gesagt, man kann aus unzähligen Gründen »auf Wolken schweben«.

Oftmals, wenn das Kind den Kopf in den Wolken hat, hört es Ihnen nur scheinbar nicht zu: Es kann abgelenkt sein, aber es kann sich auch auf mehrere Dinge gleichzeitig konzentrieren.

Das eigentliche Problem sind die Ablenkungsquellen, bei einem Kind mit ADHS können das viele sein: visuelle oder motorische Reize, akustische Reize (plötzliche Klänge oder Geräusche; ein Mitschüler, der mit dem Schulmaterial spielt; ein anderer, der ein neues Federmäppchen hat usw.). Ablenkungen können von außen und/oder von innen kommen (die Ideen, die ihm durch den Kopf gehen, sind recht flott unterwegs, oft mit 100 km/h!)

Der Hauptfeind der Konzentration ist in jedem Fall die LANGEWEILE. Kinder mit ADHS nehmen sie verstärkt wahr, und wenn sie sie nicht mehr ertragen, bewegen sie sich oder lassen sich ablenken.

Wie eingreifen

Erstellen Sie für das Kind folgende ...

Regeln

- Ich höre der Lehrerin zu, wenn sie etwas erklärt.
- Ich versuche, mich nicht ablenken zu lassen.
- Ich bin 10 Minuten lang aufmerksam.
- Ich bin 15 Minuten lang aufmerksam.
- Ich bin 20 Minuten lang aufmerksam.

Um die Kinder an die Regel zu gewöhnen, schlagen Sie zunächst eine Grundaufmerksamkeitsspanne von 5 Minuten vor, die Sie mit Hilfe von farbigen Sanduhren messen. In der Folge wird die Aufmerksamkeitsspanne schrittweise auf 20 Minuten erhöht.

Die Strukturierung

Als Erstes müssen Sie sich fragen: Motiviere ich meine Schüler*innen ausreichend, wenn ich ihnen etwas erkläre? Versuchen Sie, sich in die Lage des Kindes mit ADHS zu versetzen: Finden Sie sich selbst langweilig?

Versuchen Sie, den Unterricht so zu gestalten, dass es keine ungenützten Zeitfenster gibt, und verwenden Sie viel Bildmaterial, Farben, Klänge, Fantasie und Vorstellungskraft.

Arbeiten Sie dann an der Umgebung im Klassenraum. Gibt es zu viel Ablenkungspotenzial? Wenn ja, muss der Raum von übermäßigen Reizen »befreit« werden.

Das Ministerialrundschreiben empfiehlt:

- Gestalten Sie die Umgebung, in der sich der Schüler mit ADHS aufhält, mit möglichst wenig Ablenkungsquellen.
- Vergewissern Sie sich, dass der Schüler während der Fragestellung zugehört und über die Frage nachgedacht hat, ermutigen Sie ihn zu einer zweiten Antwort, wenn er dazu neigt, recht schnell und knapp zu antworten.
- Bewerten Sie schriftliche Arbeiten auf der Grundlage des Inhalts, ohne ausschließlich auf Flüchtigkeitsfehler zu achten, und bewerten Sie eher das Endergebnis und den Einsatz als die Form.

Die Bewertungstabelle zur Überwachung

SCHWARZER PUNKT	wenn die Aufmerksamkeitsspanne weniger als 10 Minuten beträgt
ROTER PUNKT	wenn die Aufmerksamkeitsspanne zwischen 10 und 15 Minuten beträgt
GELBER PUNKT	wenn die Aufmerksamkeitsspanne zwischen 15 und 20 Minuten beträgt
GRÜNER PUNKT	wenn die Aufmerksamkeitsspanne zwischen 20 Minuten überschreitet

Die Ermutigung

Ist Ablenkung ein ständiges Problem, belohnen Sie das Kind jedes Mal mit einem BLAUEN PUNKT, wenn es ihm gelingt, sich für die Dauer von 30 Minuten zu konzentrieren, gemessen mit einer Sanduhr auf seiner Schulbank.

Der Erziehungspakt

Versuchen Sie, gemeinsam mit den Eltern herauszufinden, welche Interessen das Kind hat, und nutzen Sie diese, um es zu motivieren, im Unterricht aufmerksamer und konzentrierter zu sein.

Die Eltern werden berichten, dass es bei manchen Spielen (Lego, Playmobil oder Videospielen) auch stundenlang konzentriert bleiben kann.

Erkundigen Sie sich, ob es bereits freien Zugang zum Internet hat, und wenn ja, für wie lange pro Tag.

Erklären Sie den Eltern, dass es für das Erlernen der »Schulfächer« (Lesen, Schreiben, Rechnen, Naturwissenschaften, Geografie, Geschichte ...) wichtig ist, dass das Kind im Unterricht sehr aufmerksam ist. Bitten Sie sie, die Online-Aktivitäten zu Hause einzuschränken (z.B. maximale Nutzungsdauer von IT-Geräten auf eine Stunde begrenzen), denn sonst werden Sie als Lehrperson kaum so interessant sein wie ein Videospiel oder der Lieblings-Youtuber.

Expertentipps

Engagieren Sie sich stets bei der Vorstellung neuer Themen oder der Erklärung einer Regel.

Versuchen Sie, Ihren Unterricht zu einer Abenteuerstunde zu machen, so als wäre es eine Folge seiner Lieblingssendung.

Legen Sie Ihre persönlichen Bedenken vor dem Klassenzimmer ab, und versuchen Sie, stets geduldig und verständnisvoll zu sein.

Regen Sie einen gesunden Wettbewerb zwischen den Schüler*innen an, um Arbeitszeiten und schulische Leistungen zu verbessern.

KAPITEL 14

Es hat Schwierigkeiten, sich zu ORGANISIEREN

WARUM VERHÄLT SICH DAS KIND SO?

Weil es ein spezifisches Defizit für die Ausführung von Tätigkeiten hat.

Es hat ein anderes Zeitempfinden: Die Zeit kann für das ADHS-Kind sehr langsam oder sehr schnell vergehen.

Es hält es für Zeitverschwendung, sich zu organisieren, es ist einfacher zu improvisieren als zu organisieren.

TO DO

- ✓ Erinnern Sie es immer an die **Reihenfolge** der zu erledigenden Aufgaben.
- ✓ Erklären Sie in aller Ruhe die Reihenfolge der Tätigkeiten: **Schritt für Schritt**.
- ✓ Fragen Sie es, ob es sich verbessern will. Lassen Sie es **mit sich selbst** konkurrieren, um besser zu werden.
- ✓ Beobachten Sie es bei der **Planung** genau.
- ✓ **Teilen** Sie große Aufgaben in kleinere Einheiten.

NOT TO DO

- ✗ Kränken Sie es **NICHT**, wenn es ungenau arbeitet.
- ✗ Geben Sie **NICHT** auf, auch wenn Sie das Gefühl haben, dass es Ihnen nicht zuhört.
- ✗ Erwarten Sie **NICHT**, dass es ordentlich und genau wird.

Analyse des Problemverhaltens

Eine der offensichtlichsten Schwierigkeiten bei Kindern mit ADHS ist die schlechte räumliche und zeitliche Organisation.

Sie neigen dazu, sehr unordentlich zu sein, den gemeinsam benutzten Raum für sich einzunehmen, ihn physisch und visuell zu besetzen, indem sie sich in ihrer Sitzposition über andere Sitzplätze hinwegstrecken. In derselben Art wird der Platz auf dem Papier schlecht genutzt.

Was die Zeiteinteilung anbelangt, haben sie eine völlig untypische mentale Zeitmessung. Wenn sie sich sehr auf eine Tätigkeit konzentrieren, die sie fasziniert, nehmen sie nicht wahr, wie die Zeit vergeht (manchmal so sehr, dass sie als Kleinkinder nicht merken, wenn sie auf die Toilette müssen).

Oft ist ihnen nicht klar, dass es für die gute Ausführung einer Aufgabe Zeit braucht und dass man diese Zeit einteilen muss, um in der verfügbaren Stunde oder dem verfügbaren Tag alles erledigen zu können, was zu erledigen ist. Aufgrund ihrer Eigenschaft, »übertrieben« zu handeln, übertreiben sie es auch hier, indem sie zu viele Dinge in einer bestimmten Zeit tun wollen.

Und natürlich haben sie ebenso ein falsches Zeitempfinden, wenn es um unangenehme oder langweilige Tätigkeiten geht. Die Zeit »vergeht nicht« in diesen Fällen und sie fragen immer wieder: »Wann ist es vorbei?«

Daher verzögern oder schieben sie unangenehme Aufgaben oftmals vor sich her. Sobald die Zeit dann knapp wird, ärgern sie sich über sich selbst oder über diejenigen, die sie schimpfen: Sie hätten sie daran erinnern müssen, dass die Zeit abläuft!

Ihre schlechte Organisation hängt auch mit der Ungeduld, »etwas tun zu müssen«, zusammen.

Die Folgen ihrer schlechten Organisation zeigen sich in den teils unordentlichen Heften, in der Zeit, die sie für die Erledigung einer Aufgabe benötigen, oder darin, dass sie nach der Pause oft als Letzte in das Klassenzimmer zurückkommen, ebenso in ihrer Vergesslichkeit sowie in ihren Schwierigkeiten bei Mannschaftsspielen.

Wie eingreifen

Erstellen Sie für das Kind folgende grundlegende ...

Regel

Bevor ich eine Tätigkeit beginne, stelle ich mir die Frage:
Was brauche ich, um sie auszuführen?

Die Strukturierung

Kinder mit ADHS sind darauf angewiesen, dass Sie die Aktivitäten für sie organisieren: Allein kommen sie in der Abfolge der Dinge, die sie erledigen müssen, nicht zurecht. Legen Sie die Zeit und den Raum fest und definieren Sie die Tätigkeiten klar: Zuerst machen wir dies, dann das, dann jenes (Schritt für Schritt).

Sie benötigen immer eine Anleitung, für alles, was zu erledigen ist: Setzen Sie nichts als selbstverständlich voraus.

Überprüfen Sie, ob das Lernumfeld aufgeräumt und ordentlich ist, mit klaren und sichtbaren Abläufen und Gewohnheiten.

Kinder mit ADHS sind oft unorganisiert, weil sie sich überfordert fühlen, Aufgaben oder Aufträge müssen daher in kleine Einheiten unterteilt werden.

Das Ministerialrundschreiben enthält folgenden Vorschlag:

- Fördern Sie die Verwendung von Flussdiagrammen, Hinweisen, Tabellen, Schlüsselwörtern, um das Lernen zu fördern und die Kommunikation und Aufmerksamkeit weiterzuentwickeln.
- Fördern Sie den Einsatz von Computern.
- Die schriftlichen Prüfungen sollten in getrennte Fragebögen unterteilt sein, die einzelnen Blätter können nacheinander abgegeben werden. Schüler mit ADHS haben in der Regel Prüfungsangst. Für sie ist eine Klassenarbeit ein Zwang, und wenn es lange dauert, wird es zur Qual.
- Geben Sie klar und deutlich an, wie viel Zeit für die Erledigung der Aufgabe benötigt wird (wobei zu berücksichtigen ist, dass der Schüler mit ADHS möglicherweise mehr Zeit benötigt als die Klasse oder umgekehrt, sich zu sehr beeilt, um die Aufgabe früher zu beenden).
- Ersuchen Sie den Schüler, die Aufgabe vor der Abgabe gründlich zu überprüfen.

Die Bewertungstabelle zur Überwachung

SCHWARZER PUNKT	wenn es ohne die ständige Anwesenheit eines Erwachsenen keine Tätigkeit bewältigt
ROTER PUNKT	wenn es die Aufgaben nur mit mündlicher Hilfe bewältigen kann
GELBER PUNKT	wenn es die Arbeit nur nach anfänglicher Ermahnung eigenständig erledigt
GRÜNER PUNKT	wenn es die Arbeit ohne anfängliche Ermahnung eigenständig erledigt

Die Ermutigung

BLAUER PUNKT	wenn es über den gesamten Schultag hinweg jegliche Tätigkeit selbständig bewältigt

Der Erziehungspakt

Fragen Sie die Eltern, ob sie ihr Kind dabei unterstützen müssen, seine Zeit und seine Räumlichkeiten zu Hause zu organisieren.

Fragen Sie auch, ...

- ob es unordentlich und chaotisch beim Spielen ist;
- ob es dazu neigt, morgens spät dran zu sein;
- ob es wütend wird, wenn es jemand hetzt;
- ob er alles im letzten Moment macht.

In der Regel sind Kinder mit ADHS sehr gut darin, mit Lego oder anderen Bauelementen zu spielen. Nutzen Sie diese Planungs- und Organisationsfähigkeit auch für andere Aufgaben.

Expertentipps

Strukturieren, planen, organisieren, ordnen Sie, um dem ADHS-Kind zu helfen, bestmöglich zu »funktionieren«, da es sonst Gefahr läuft, »sich zu verlieren«.

Verwenden Sie praktische und einfache Lehrmethoden, mit viel Anschauungsmaterial.

Denken Sie daran, dass sich solche Kinder bei der Ausübung einer Tätigkeit nicht absichtlich ablenken lassen. Man muss ihnen ständig beistehen und darf »niemals nachlassen«.

KAPITEL 15

Es VERLIERT und VERGISST Sachen

WARUM VERHÄLT SICH DAS KIND SO?

Weil es sorglos ist, es hängt nicht an diesen Dingen, und daher passiert es leicht, dass es nicht an sie denkt.

Weil es vergesslich und daher unzuverlässig ist.

Weil es faul ist.

Weil es den Gegenständen keinen angemessenen Wert zuordnet.

TO DO

- ✓ Bringen Sie ihm bei, sich **Listen** des Schulmaterials zu machen und dieses damit zu überprüfen.
- ✓ Falls unerlässlich, bewahren Sie auch Ersatzausgaben der Schulbücher **zu Hause** auf.
- ✓ Weisen Sie ihm eine*n Mitschüler*in als **Tutor*in** zu.
- ✓ Seien Sie seine **Erinnerungshilfe** – für alles.
- ✓ Erzählen Sie soziale Geschichten, um zu erklären, wie man sich fühlt, wenn man etwas verliert.

NOT TO DO

- ✗ Verlangen Sie **NICHT** zu viel Genauigkeit.
- ✗ Seien Sie **NIEMALS** sein*e persönliche*r »Assistent*in«.
- ✗ Nehmen Sie **NICHT** seinen Platz ein.
- ✗ Geben Sie **KEINE** Noten für unangemessenes Verhalten.
- ✗ Vergessen Sie **NICHT**, es zu loben, wenn es das notwendige Schulmaterial mitgebracht hat.

Analyse des Problemverhaltens

Wie wir gesehen haben, verlieren sich Kinder mit ADHS oft in ihren Gedanken und vergessen daher leicht Termine, Regeln, getroffene Vereinbarungen und eben auch Schulmaterial.

Im Allgemeinen sind Kinder mit ADHS spontan, oft sorglos, fröhlich, lebhaft, schnell, aber auch ungenau, nicht sehr zuverlässig, nicht sehr konsequent, ungehorsam und ein bisschen faul.

Ordnung fällt ihnen schwer und deshalb auch zu verstehen, dass sie auf ihre Gegenstände aufpassen und sorgfältig damit umgehen müssen. Sich um die eigenen Sachen zu kümmern, kann mühsam sein: Aus diesem Grund zeigen sie zu Hause oft ein widerstrebendes Verhalten, wenn ihre Eltern sie bitten zu überprüfen, ob sie alle, die für den Tag benötigten Schulsachen in ihrer Schultasche haben.

Auch Spielsachen, Sportgeräte und Kleidung sehen oft recht abgenutzt, verschlissen oder kaputt aus. Kinder mit ADHS benutzen ihre Sachen »besonders intensiv«, sie denken nicht an die Folgen, also ob sie kaputtgehen oder sich frühzeitig abnutzen könnten.

Sie leben in der Gegenwart, und aufgrund ihrer Schwierigkeiten mit der gedanklichen Zeitmessung und ihrer angeborenen Impulsivität denken sie nicht an später.

Typische Schulsituationen sind das Fehlen von Sportkleidung, das Fehlen des Pausenbrotes oder das Fehlen des Buches, um dem Unterricht folgen zu können.

Häufig haben diese Schwierigkeiten negative Folgen im sozialen Austausch: Bei Gruppenarbeiten und Mannschaftsspielen werden sie als verwirrend, ungenau und unzuverlässig angesehen.

Wie eingreifen

Erstellen Sie für das Kind folgende …

Regeln

- Zu Hause: Ich denke an den Unterricht des nächsten Tages und packe meine Schultasche mit allen nötigen Schulsachen.
- In der Schule: Bevor ich das Klassenzimmer verlasse, »kontrolliere« ich das gesamte Schulmaterial, das ich habe..

Die Strukturierung

Bringen Sie dem ADHS-Kind bei, eine Liste der Schulmaterialien zu erstellen, die es in den Unterricht mitbringen muss, Tag für Tag.

Es ist ratsam, mit allen Kindern den Stundenplan (Wochenplan) zu erstellen und der Liste der Fächer – vor allem in der ersten Klasse – visuelle Elemente (Illustrationen, Fotos, Aufkleber) der benötigten Schulsachen hinzuzufügen. Am Ende der Unterrichtsstunde, oder noch besser am Ende des Schultages, erstellen Sie eine Liste mit den Dingen, die mit nach Hause genommen werden müssen. Helfen Sie Schülern mit ADHS, nur das mitzunehmen, was sie tatsächlich für die Hausaufgaben benötigen.

Arbeiten Sie mit ihnen zusammen, wenn es darum geht, den Arbeitsplatz zu organisieren.

Gewöhnen Sie die betroffenen Kinder von Beginn an daran, bunte Post-it-Zettel als Erinnerungshilfen zu verwenden, aber wechseln Sie diese häufig, da sie sich sonst an die visuelle Erinnerung »gewöhnen« und nicht mehr darauf achten, was der einzelne Zettel bedeutet.

Erzählen Sie dem ADHS-Schüler sozial-relevante Geschichten oder inszenieren Sie Rollenspiele, damit er besser versteht, wie es sich anfühlt, wenn er die benötigten Dinge, die er für seine Übung braucht, nicht hat. Bringen Sie ihm bei, sich seiner Vergesslichkeit bewusst zu werden, und vermitteln Sie ihm einige einfache Strategien, die ihm helfen, das Vergessen von Gegenständen zu vermeiden.

Die Bewertungstabelle zur Überwachung

SCHWARZER PUNKT	wenn es täglich etwas verliert
ROTER PUNKT	wenn es täglich etwas vergisst
GELBER PUNKT	wenn es täglich daran erinnert werden muss, am Ende des Unterrichts seine Sachen nicht zu vergessen
GRÜNER PUNKT	wenn es das benötigte Schulmaterial mitbringt

Die Ermutigung

BLAUER PUNKT	wenn es im Laufe der Woche nichts vergisst oder verliert

Der Erziehungspakt

Wenn Sie mit den Eltern über dieses Thema sprechen, werden Sie feststellen, dass das Kind auch zu Hause oft nachlässig ist. Vielleicht vergisst es, das Pausenbrot einzupacken, das seine Mutter auf dem Tisch vorbereitet hat, und es würde sogar vergessen, sich morgens anzuziehen, wenn ihn nicht jemand daran erinnern würde!

Es ist wahrscheinlich, dass es öfter seine Sportausrüstung verliert, immer wieder mal etwas (da einen Skihandschuh, dort einen Tennisball, dann eine Fußballsocke), auch wenn seine Eltern es mehrmals daran erinnert haben, was es am Ende einer Trainingseinheit wieder mit nach Hause nehmen soll. Besonders nachlässig wird es oftmals, wenn es aufgeregt ist und sich nicht zurückhalten kann oder wenn es ihm nicht möglich ist, sich »auszupowern«.

Vereinbaren Sie kleine Ziele (eine ordentliche und vollständige Schultasche) und helfen Sie sich gegenseitig bei der Überprüfung der Ziele (z.B. indem Sie die Schultasche sowohl in der Schule als auch zu Hause kontrollieren).

Machen Sie eine einfache Liste mit den notwendigen Schulmaterialien, und wenn es am Ende der Woche nichts verloren hat, schlagen Sie vor, ihm auch zu Hause einen BLAUEN PUNKT zu geben.

Natürlich wird es schwierig, daran zu arbeiten, wenn die Eltern selbst unordentliche und unzuverlässige Menschen sind.

Expertentipps

Versuchen Sie, das Verantwortungsgefühl der Kinder zu stärken, ohne ihnen das Gefühl zu geben, etwas falsch zu machen: Das Ziel ist immer die Selbständigkeit, aber Selbständigkeit wird nicht zwangsläufig dadurch erreicht, dass man aus Fehlern lernt.

Schimpfen Sie nicht mit ihnen: Stehen Sie ihnen zur Seite, ohne ihre Aufgaben zu übernehmen.

Seien Sie nicht zu genau oder zu streng.

Ermutigen Sie die Mitschüler*innen zu helfen. Die Fähigen können diejenigen unterstützen, die Schwierigkeiten haben, und zwar in allen Bereichen (Sport, Lesen, Zeichnen, Mathematik, Handarbeit, Situationen, die Mut erfordern usw.).

Lassen Sie sie im Klassenzimmer wie in einer kleinen, zivilisierten Gesellschaft leben und aufwachsen, mit Regeln, Rechten und Pflichten und auch mit Spaß – dem Spaß am Lernen!

Notizen

Fazit

Nun sind wir am Ende dieses Handbuchs zur Lehrer*innenfortbildung angelangt, das Ihnen helfen soll, Ihre Schüler mit ADHS besser zu verstehen. Besser zu verstehen, um ihnen beim Heranwachsen zu helfen.

Je mehr Erfolgserlebnisse und Belohnungen Ihr Kind mit ADHS hat, desto motivierter wird es sein, dieselben korrekten Handlungen zu wiederholen, positiv auf Ihre Vorschläge zu reagieren, kooperativ zu sein und Selbstwertgefühl und Selbstvertrauen zu entwickeln – Gefühle, die es in dieser sensiblen Wachstumsphase braucht.

Behalten Sie im Hinterkopf, dass wir, wenn wir sein Verhaltensprofil verstehen, in der Lage sein werden, ihm die nötigen Werkzeuge an die Hand zu geben, ihm zu helfen, sein Verhalten in der Schule sowie zu Hause zu verbessern.

Abschließend möchte ich den Inhalt eines Briefes wiedergeben, den ich normalerweise an Lehrerpersonen schreibe, welche Kinder mit ADHS in ihrer Klasse haben, die ich in meiner klinischen Arbeit als Kinderneuropsychiaterin betreue.

Brief an die Lehrpersonen

Liebe Lehrerinnen und Lehrer,

Emil[1] ist ein sonniges, fröhliches und sehr lebhaftes Kind.

Emil geht gerne in die Schule und lernt mit Begeisterung, aber es fällt ihm schwer, sich über längere Zeit zu konzentrieren, sodass er häufig Pausen braucht, sich bewegt und aufsteht. Er lässt sich leicht ablenken und muss daher an einem Platz sitzen, in dessen Nähe es keine ablenkenden Faktoren gibt.

Im Umgang mit Schulmaterial hat er Schwierigkeiten. Er verliert es oft, macht es kaputt, vergisst es oder tauscht es mit seinen Klassen-

[1] Der Name Emil ist ein zufälliger Platzhalter.

kamerad*innen. Er hat grafomotorische Schwierigkeiten. Er kämpft damit, die Zeilenränder einzuhalten, gerade Linien zu ziehen, innerhalb von Formen zu malen und ordentlich zu schreiben.

Wenn man ihn bittet, eine Aufgabe zu wiederholen, weil sie nicht ordentlich ist, auch wenn sie richtig ist, ist er gekränkt, wird demotiviert und kann widerspenstig werden. In der frei zur Verfügung stehenden Spielzeit, vor allem im Schulhof, neigt er dazu, sehr lebhaft zu sein, lässt sich nur schwer bremsen und hat Schwierigkeiten, die Anweisungen der Erwachsenen zu befolgen, wenn er aufgeregt ist. Diese Schwierigkeiten treten auch zu Hause auf, trotz gezielter pädagogischer Interventionen.

Ich bitte Sie hiermit, diese individuellen Charaktereigenschaften von Emil zu berücksichtigen, die manchmal, besonders im schulischen Umfeld, besondere Herausforderungen darstellen können.

Die Familie ist bereit, mit Ihnen zusammenzuarbeiten und einen gemeinsamen Erziehungspakt zu schließen, damit er lernt, sich selbst besser zu kontrollieren.

Sollten sich die schulischen Schwierigkeiten jedoch verstärken, helfe ich Ihnen gerne weiter.

Ich vertraue auf Ihr volles Verständnis und Ihre Zusammenarbeit und stehe Ihnen für weitere Erklärungen gerne zur Verfügung.

Mit freundlichen Grüßen

Dr.in Donatella Arcangeli
Kinder- und Jugendneuropsychiaterin

Bibliografie

AA. VV. (2012), *ADHD a scuola – Strategie efficaci per gli insegnanti*, Trento, Erickson.

APA (2013), DSM-5 *Diagnostic and statistical manual of mental disorders*, Fifth Edition, American Psychiatric Publishing, Washington, DC. Trad. It. DSM-5: *Manuale diagnostico e statistico dei disturbi mentali*, Milano, Raffaello Cortina Editore. Traduzione italiana della Quinta edizione di Francesco Saverio Bersani, Ester di Giacomo, Chiarina Maria Inganni, Nidia Morra, Massimo Simone, Martina Valentini.

Barkley, R. A. (2018), *ADHD: strumenti e strategie per la gestione in classe*, Trento, Erickson.

Daffi, G./Prandolini, C. (2013), *ADHD e compiti a casa*, Trento, Erickson.

Horstmann, K./Steer, J. (2012), *Aiutare gli alunni con ADHD a scuola*, Trento, Erickson.

MIUR – Ministero dell'Istruzione, dell'Università e della Ricerca (2009), *Circolare Ministeriale n. 6013 del 4 dicembre 2009, Problematiche collegate alla presenza nelle classi di alunni affetti da sindrome ADHD (deficit di attenzione / iperattività)*.

MIUR – Ministero dell'Istruzione, dell'Università e della Ricerca (2010), *Circolare Ministeriale n. 4089 del 15 giugno 2010, Disturbo di deficit di attenzione ed iperattività.*

Paiano, A./Re, A. M./Ferruzza, E./Cornoldi, C. (2014), *Parent training per l'ADHD*, Trento, Erickson.

Shapiro, L. (2015), *ADHD: il mio libro di esercizi*, Trento, Erickson.

Usai, M. C. et al. (2012), *Diamoci una regolata: Guida pratica per promuovere l'autoregolazione a casa e a scuola*, Milano, Franco Angeli.

Webseiten[1]

ps://www.aidaiassociazione.com/linee-guida-sinpia/

https://lamenteemeravigliosa.it/il-modello-di-barkley-adhd/

bzw. https://gedankenwelt.de/das-barkley-modell-um-adhs-zu-erklaeren/

[1] Der Zugang zu den Webseiten wurde am 17.03.2023 überprüft.

(Das Barkley-Modell, um ADHS zu erklären)

https://www.associazioneaifa.it/ (Webseite der AIFA APS, Associazione Italiana Famiglie ADHD)

https://www.coachingforadhd.com/adhd-blog/adhd-awareness/normal-adhd/ (Englischsprachige Webseite mit Blog und Ratschlägen)

Empfohlene Lektüre

Riordan, R. (2016), Percy Jackson (Reihe mit fünf Bänden), Hamburg, Carlsen.

Eine literarische Fantasy-Jugendbuchreihe, die von den Erfahrungen und dem Leben eines legasthenen Teenagers mit ADHS erzählt, der in der Schule missverstanden wird und entdeckt, dass er anders ist, weil er zur Welt der Halbgötter gehört. Zwei Bücher aus der Reihe wurden verfilmt:

Percy Jackson – Diebe im Olymp (2010);

Percy Jackson – Im Bann der Zyklopen (2013).

Anhang

ARBEITSBLÄTTER

Die folgenden Arbeitsblätter können im A4-Format von der Verlagswebseite heruntergeladen und ausgedruckt werden.

1. Öffnen Sie die Seite des Buches auf der Verlagshomepage https://athesia-tappeiner.com/de/9788868396794
3. Laden Sie das PDF mit dem Material herunter.
4. Öffnen Sie das PDF mit folgendem Code: wmvB16usdC30
5. Drucken Sie die Seiten, die Sie benötigen, aus.

Informationsbogen

- Gefällt es dem Kind in der Schule?
- Kann es mit Schulsachen umgehen?
- (*Ab der zweiten Klasse*) Sind Hausaufgaben ein Problem?
- Wie verbringt es seine Freizeit?
- Benutzt es Handy/Computer/Tablet/Videospiele/Fernseher? Wie viele Stunden am Tag? Ist es für Sie ein Problem, die Nutzung zu steuern?
- Mit wem lebt das Kind zusammen?
- Ist das Kind in der Familie schwierig? Wenn ja, welche problematischen Verhaltensweisen gibt es, die auch in der Schule auftreten könnten?
- Ist es ein Kind, das wütend wird? Wenn ja, was macht es wütend? Wie äußert sich seine Wut (schreit, droht, flucht es, wirft es Gegenstände, schlägt es oder rennt es weg)?
- Wie oft hat es Wutanfälle (täglich, wöchentlich oder sporadisch)? Nur zu Hause oder auch außerhalb?
- Könnte es, Ihrer Meinung nach, in der Schule einen Anfall bekommen? Was können wir tun, um Anfällen vorzubeugen, sie vorherzusehen oder zu verhindern?
- Ist er ein besorgtes, ein ängstliches Kind? Wenn ja, was beunruhigt oder ängstigt es?
- Ist es ein trauriges Kind? Wenn ja, was macht es traurig? Kann es seine Emotionen, Sorgen und Bedürfnisse mitteilen? Wie können Sie am besten mit ihm kommunizieren?
- Fällt es ihm schwer, ein Nein zu akzeptieren? Fällt es ihm schwer, Regeln einzuhalten?

Wenn Sie einverstanden sind, werde ich Ihnen nun ein paar persönlichere Fragen stellen:

- Gab es in den letzten Monaten belastende Ereignisse in Ihrer Familie (Krankheiten, Trauerfälle, Umzug, finanzielle Probleme, Trennungen)?
- Welche Dienste sind bei der Betreuung des Kindes mit einbezogen?
- Sind derzeit Eingriffe im Gange? Wenn ja, welche? Nimmt das Kind Medikamente? Wenn ja, welche?

BEOBACHTUNGSTABELLE

○ schwarz = **sehr schlecht** ○ rot = **schlecht** ○ gelb = **befriedigend** ○ grün = **gut**

	Name ______ Problemverhalten	Woche von ____ bis ____	Woche von ____ bis ____	Woche von ____ bis ____	Woche von ____ bis ____
Hyperaktivität	Es steht auf und wandert in der Klasse umher.	○	○	○	○
	Es legt sich unter die Schulbank.	○	○	○	○
	Es spielt mit Gegenständen auf der Schulbank.	○	○	○	○
	Es schwätzt und stört den Unterricht.	○	○	○	○
	Es ist chaotisch und laut beim Spielen.	○	○	○	○
Impulsivität	Es wartet nicht, bis es an der Reihe ist.	○	○	○	○
	Es unterbricht und ist aufdringlich.	○	○	○	○
	Es macht immer wieder dieselben Fehler.	○	○	○	○
	Es erkennt keine Gefahren.	○	○	○	○
	Es ist ungeduldig.	○	○	○	○
Unaufmerksamkeit	Es notiert sich die Hausaufgaben nicht.	○	○	○	○
	Es bringt die Arbeiten nicht zu Ende.	○	○	○	○
	Es hat den Kopf in den Wolken.	○	○	○	○
	Es hat Schwierigkeiten, sich zu organisieren.	○	○	○	○
	Es verliert und vergisst Sachen.	○	○	○	○

ÜBERWACHUNGSTABELLE

○ schwarz = **sehr schlecht** ○ rot = **schlecht** ○ gelb = **befriedigend** ○ grün = **gut** ○ blau = **sehr gut**

Name ______________

1. Woche von ______ bis ______

Problemverhalten	Mo	Di	Mi	Do	Fr	Sa	So
	○ ○	○ ○	○ ○	○ ○	○ ○	○ ○	○ ○
	○ ○	○ ○	○ ○	○ ○	○ ○	○ ○	○ ○
	○ ○	○ ○	○ ○	○ ○	○ ○	○ ○	○ ○

Name ______________

2. Woche von ______ bis ______

Problemverhalten	Mo	Di	Mi	Do	Fr	Sa	So
	○ ○	○ ○	○ ○	○ ○	○ ○	○ ○	○ ○
	○ ○	○ ○	○ ○	○ ○	○ ○	○ ○	○ ○
	○ ○	○ ○	○ ○	○ ○	○ ○	○ ○	○ ○

ÜBERWACHUNGSTABELLE

○ schwarz = **sehr schlecht** ○ rot = **schlecht** ○ gelb = **befriedigend** ○ grün = **gut** ○ blau = **sehr gut**

Name ____________

Problemverhalten	3. Woche von _____ bis _____						
	Mo	Di	Mi	Do	Fr	Sa	So
	○	○	○	○	○	○	○
	○	○	○	○	○	○	○
	○	○	○	○	○	○	○

Name ____________

Problemverhalten	4. Woche von _____ bis _____						
	Mo	Di	Mi	Do	Fr	Sa	So
	○	○	○	○	○	○	○
	○	○	○	○	○	○	○
	○	○	○	○	○	○	○

DER VERTRAG

Ich, der*die Unterfertigte ______________________________

der Klasse __________, Schule __________________________

bemühe mich, diese Verhaltensweisen mit Hilfe meiner Lehrer*innen zu verbessern:

1. ____

2. ____

3. ____

Wenn ich es schaffe, mich zu bessern, werde ich grüne Punkte zum Sammeln und Gewinnen von Preisen erhalten.

Unterschrift

der*die Schüler*in

____

die Lehrkräfte

____

____

Die Eltern von ___________________________ verpflichten sich, ihm*ihr zu helfen, sein*ihr Verhalten in der Schule zu verbessern.

Datum

____

Unterschrift der Eltern

____

____

PUNKTESAMMELKARTE FÜR BELOHNUNGEN

Das Kind malt, nach erfolgter Zuweisung durch eine Lehrperson oder nach einem korrekten oder lobenswerten Verhalten (immer nach Entscheidung eines Erwachsenen), jeweils einen Punkt auf der Tabelle (wie im Beispiel) grün aus.

Der erste Meilenstein, d. h. der erste Preis, den es bekommt, erreicht das Kind nach 5 grünen Punkten, den nächsten nach 10, dann nach 15, bis es 20 Punkte erreicht.

Nachfolgend einige Beispiele für Preise, die Sie vorschlagen können (wir haben bereits erwähnt, dass sie »sozial« und nicht materiell sein sollten). Sie können eigene Ideen in den leeren Feldern ergänzen:

5 grüne Punkte →

- der Lehrerin assistieren
- im Sekretariat die Post/Fotokopien holen
- ______________________________

10 grüne Punkte →

- als Erstes in der Reihe stehen
- ein PC-Spiel im Computerraum spielen
- ______________________________

15 grüne Punkte →

- eine zusätzliche Turnstunde
- ein Brettspiel mit zwei Mitschüler*innen spielen
- ______________________________

20 grüne Punkte →

- ein Tag ohne Hausaufgaben
- Sprecher*in bei der Klassenversammlung sein
- ______________________________

Start
1
2
3
4
5
Gut!
6
7
8
9
10
Sehr gut!
11
12
13
14
15
Super!
16
17
18
19
20
Fantastisch!

Bibliografische Information der Deutschen Nationalbibliothek
Die Deutsche Nationalbibliothek verzeichnet diese Publikation in der Deutschen Nationalbibliografie; detaillierte bibliografische Daten sind im Internet abrufbar: http://dnb.d-nb.de

1. Auflage 2023

Übersetzung: Donatella Arcangeli
Design: Edizioni Cetro Studi Erickson
Satz: Athesia-Tappeiner Verlag
Druck: Athesia Druck, Bozen
Papier: Innenteil und Vorsatz Offset weiß

Gesamtkatalog unter
www.athesia-tappeiner.com

Fragen und Hinweise bitte an
buchverlag@athesia.it

ISBN 978-88-6839-679-4

Originaltitel: ADHD - Cosa fare (e non) - Guida rapida per insegnanti - Scuola primaria

www.erickson.it
www.erickson.international

Erickson

MIX
Papier | Fördert gute Waldnutzung
FSC® C010042

Dieses Buch wurde der Umwelt zuliebe nicht mit einer Schutzfolie eingeschweißt.